KOREAN SHORT STORIES FOR BEGINNERS

20 Captivating Short Stories to Learn Korean & Grow Your Vocabulary the Fun Way!

Easy Korean Stories

Lingo Mastery

www.LingoMastery.com

ISBN: 978-1-951949-25-9

TABLE OF CONTENTS

INTRODUCTION

So, you want to learn Korean? That's awesome!

Like any other foreign language, it's going to open the doors to discovering a completely new culture. Whether you're learning Korean for work, studies or fun, the knowledge of the language will broaden your mind, let you meet new people, and provide a new page in the thrilling book of your self-development.

Heard about Korean being impossibly hard to learn? That might be true. But that's what we're here for. Rely on this book that was written with your needs in mind and accept the challenge without any fear or doubts.

What is the following book about?

We've written this book to cover an important issue that seems to affect every new learner of the Korean tongue—a lack of helpful reading material. While in English you may encounter tons (or gigabytes, in our modern terms) of easy and accessible learning material, in Korean you will usually and promptly be given tough literature to read by your teachers, and you will soon find yourself consulting your dictionary more than you'd want to. Eventually, you'll find yourself bored and uninterested in continuing, and your initially positive outlook may turn sour.

Our goal with this book will be to supply you with useful, entertaining, helpful and challenging material that will not only allow you to learn the language but also help you pass the time and make the experience less formal and more fun—like any particular lesson should be. We will not bore you with grammatical notes, spelling or structure: the book has been well-written and revised to ensure that it covers those aspects without having to explain them in unnecessarily complicated rules like textbooks do.

If you've ever learned a new language through conversational methods, teachers will typically just ask you to practice speaking. Here, we'll teach you writing and reading Korean with stories. You'll learn both how to read it *and* write it with the additional tools we'll give you at the end of each story.

Stories for Beginners? What does that mean?

We don't want the word to be misleading for you. When thinking about you as a beginner, we focused on combining two things:

1. Providing you with easy-to-understand words and structures.
2. Avoiding simplistic content.

Judging by our extensive experience, it's impossible to make any impressive progress by dealing with the material that you are absolutely comfortable with. Dive into the unknown, make an effort, and you'll be rewarded.

To make things easier for you, we picked only common words—no rocket science, that's for sure. You won't encounter any complex sentences with multiple clauses and prepositions.

Just take the final step on your own—apply your diligence and work hard to get to the next level.

The suggested steps of working with this book

1. First, just read the story. Chances are you already know many words.
2. Then read it again, referring to the vocabulary. Note that our vocabulary is much easier to use than a conventional dictionary because:
   a. the words are listed in order of their appearance in the text;
   b. the translations are given in the very form you find them in the text;
   c. the most complex words are given as word combinations to let you grasp the grammatical structure.

2

3. Now that you think you understand the major plot of the story, check yourself by referring to the summary of the story that is provided both in Korean and English.
4. Go over to the Questions section to check if you've understood the details.
5. Check if you were right in the Answers section.
6. And at last - time to enjoy. Read the story once again, getting pleasure from the feeling of great achievement. You deserve it!

What if I don't understand everything?

Remember—understanding each and every word is not your goal. Your goal is to grasp the essence of the story and enrich your vocabulary. It is **absolutely normal** that you may not understand some words or structures and that sometimes you may ultimately not entirely understand what the story is about.

Other recommendations for readers of *Korean Short Stories for Beginners*

Before we allow you to begin reading, we have a quick list of some other recommendations, tips and tricks for getting the best out of this book.

1. Read the stories without any pressure: feel free to return to parts you didn't understand and take breaks when necessary. This is like any fantasy, romance or sci-fi book you'd pick up, except with different goals.
2. Feel free to use any external material to make your experience more complete: while we've provided you with plenty of data to help you learn, you may feel obliged to look at textbooks or search for more helpful texts on the Internet—do not think twice about doing so! We even recommend it.
3. Find other people to learn with: while learning can be fun on your own, it definitely helps to have friends or family joining you on the tough journey of learning a new language. Find a like-minded person to accompany you in this experience, and you

may soon find yourself competing to see who can learn the most!

4. Try writing your own stories once you're done: all of the material in this book is made for you to learn not only how to read, but how to write as well. Liked what you read? Try writing your own story now, and see what people think about it!

FREE BOOK!

Free Book Reveals The 6 Step Blueprint That Took Students
From Language Learners To Fluent In 3 Months

One last thing before we start. If you haven't already, head over to **LingoMastery.com/hacks** and grab a copy of our free Lingo Hacks book that will teach you the important secrets that you need to know to become fluent in a language as fast as possible. Again, you can find the free book over at **LingoMastery.com/hacks**.

Now, without further ado, enjoy these
20 Korean Stories for Beginners.

Good luck, reader!

CHAPTER 1

새로운 보금자리 / A New Home

내가 이사를 오고 나서 **처음으로 여동생이** 우리 **집**에 **방문했다.** 동생은 서울에 있는 대학에 **입학했지만,** 사는 동네가 우리 **동네**와 꽤 **멀어서** 서로 **만나기가 쉽지** 않았다.

내가 새로 살게된 집은 **거실** 하나와 방 두 개가 있었고, **앞에는 공영 주차장**이 있었다. 주차장에 **설치된** CCTV 가 **24 시간 작동하고** 있기 때문에 이 집은 **더 안전하게** 느껴졌다.

새 집에는 **곰팡이나 벌레도** 없었다. 동네가 **조용한** 것과 주변에 **아름다운 꽃들**이 피어있는 것도 마음에 들었다.

집을 둘러본 동생은 **안심했고,** 우리의 **어린 시절** 사진을 보여주겠다며 휴대폰 사진첩을 **열었다.** 거기에는 어렸을 때 엄마가 찍어주신 **사진들**이 있었다. **해맑게 웃고 있는** 어린 아이들이 무척 **귀여웠다.**

한 사진 속에서 우리는 패션쇼를 한다며 **화려한** 색상의 **보자기를** 두르고 장난을 치고 있었다. 우리 가족이 사랑했던 강아지를 **껴안고 쓰다듬는** 모습도 있었다. 우리 **삼남매가** 어렸을 때 크리스마스 트리를 거실에 세워두고 춤을 추다가 찍힌 사진은 **특히 압권이었다.**

당시 우리는 거울 앞에서 **러닝셔츠와** 팬티 바람으로 춤을 추고 있었다. 엄마가 카메라를 들이밀었을 때 나는 **복장**때문에 **급격히 소심해졌지만** 동생은 아주 **개성있고 당당한** 포즈를 선보였다.

사진을 보고난 후, 동생이 **배고파했다.** 나는 **전기밥솥에** 미리 쪄둔 **단호박을** 동생에게 주었다. 그랬더니 동생이 소스라치게 **놀랐다.** "언니가 요리도 할 줄 알아??" 이게 그렇게 **놀랄 일**이었나? 단호박을 **찌는** 것을 요리라고 하기에는 만드는 게 너무 **간단했다.**

그것도 내가 한게 아니라 밥솥이 다 한 요리였다. 하지만 동생은 이 사실이 무척 **인상깊었는지** 나중에 엄마께 **전화를 걸어서** 이를 알려드렸다.

내가 대학생이 되기 전 집에 있을 때에는 거의 요리를 해본 적이 없었다. 고등학생 때에도 급식을 **제공하는 기숙사가 있는 학교에서** 지내다 보니 요리를 할 일이 없었다. 예전에는 내가 간단한 인스턴트 라면을 **끓여도** 맛이 없어서 동생들이 **먹고 싶어하지** 않았다. 그래서 동생의 **감탄이 이해가** 되었다.

하지만 나는 이제 **계란말이도** 할 줄 알고 **참치볶음밥, 김치전, 콩나물국도** 끓일 줄 안다. 친구와 함께 살면서 매일 **거르지** 않고 **아침 식사를** 돌아가며 **준비했고**, 그로 인해 요리 실력이 많이 **늘었다.**

이 집에서 산지도 참 오랜 시간이 흘렀다. 처음 이 집에 들어왔을 때 내가 인테리어에 대해서 아는 것이 없었기에 **상아빛 벽지로** 도배를 했었다. 집의 **분위기는** 카페처럼 **우중충해졌고**, 나는 **교회** 형제자매들의 도움을 받아 집을 흰색 벽지로 **다시 도배해야** 했다.

그런데 세월이 흘러 흰 벽지가 다시 **누리끼리해져서 불을 켜도** 집 안이 **침침했다.** 특히 **가스레인지** 근처의 벽지와 **현관문** 옆 벽지는 **기름때와 손때로** 새 단장이 **절실했다.**

다른 교회 식구들을 초대하는 것을 **목표로** 나와 친구는 집을 **단장하기** 시작했다. 우리는 둘이서 틈틈이 도배를 했다. **풀을** 만들어 벽지에 **바르는** 데에 드는 시간을 **단축하기** 위해서 인터넷에서 판매하는 '풀바른 벽지'를 구매했다. **확실히** 시간이 많이 **절약되었다.**

도배를 하고 난 후에 가스레인지 **근처의** 벽에는 **기름때 방지용** 시트지를 붙였다.

집이 지어진 지 오래 되어서 그런지 **전기** 소켓도 색이 **누렇게** 바래있어서, 우리는 **흰** 페인트를 사서 소켓도 하얗게 칠했다. 우리는 내친 김에 검은색 **책장과 거울을 둘러싸고** 있는 검은색 나무 테두리도 흰 색으로 칠했다. 집 안의 분위기가 훨씬 산뜻하고 **단정해졌다.**

우리는 화려한 포인트 벽지로 한쪽 벽만 도배하여 방을 더 화사하게 해 보려고 했지만, 그 작업을 하고 있을 시간적 엄두가 나지 않았다. 집 **전체를** 틈틈히 도배하는 데에 거의 몇 주가 걸렸다. 그래서 **비교적** 간편한 스티커식 포인트 벽지를 **구매했다.**

하지만 이게 웬걸! 인터넷으로 볼 때에는 **고급스럽고** 예뻤는데, 실제로 도착한 상품은 할머니 방에 있을 법한 **촌스러운 홍매색의** 꽃들이었다. 우리는 이런 것에 안목이 있는 **지인**에게 조언을 구했고 **결국은** 과감히 스티커를 **버리게 되었다.**

직장을 다니면서 틈틈히 집을 도배하고 꾸미는 게 쉽지는 않았다. 하지만, 끝내고 나니 집 **환경도** 새로워지고, 도배의 **경험도** 했다는 생각에 **보람이** 느껴졌다.

새로운 보금자리／A New Home
with English Translation

내가 이사를 오고 나서 **처음으로 여동생이** 우리 **집에 방문했다.** 동생은 서울에 있는 대학에 **입학했지만**, 사는 동네가 우리 **동네와** 꽤 **멀어서** 서로 **만나기가 쉽지** 않았다.

My **younger sister visited** my **house for the first time** since I moved here. She **attended** a university in Seoul, but it was not **easy** to **meet** her because she lives in a **distant town** far from mine.

내가 새로 살게된 집은 **거실** 하나와 방 두 개가 있었고, **앞에는 공영 주차장**이 있었다. 주차장에 **설치된** CCTV 가 **24 시간 작동하고** 있기 때문에 이 집은 **더 안전하게** 느껴졌다.

My new house had a **living room** and two bed rooms, and a **public parking lot in front.** The house felt **safer** because CCTVs **installed** in the parking lot were **operating 24 hours** a day.

새 집에는 **곰팡이나 벌레도** 없었다. 동네가 **조용한** 것과 주변에 **아름다운 꽃들**이 피어있는 것도 마음에 들었다.

The new house had no **mold** or **insects.** I also liked the **quiet** neighborhood and **beautiful flowers** around it.

집을 둘러본 동생은 **안심했고**, 우리의 **어린 시절** 사진을 보여주겠다며 **휴대폰** 사진첩을 **열었다**. 거기에는 어렸을 때 엄마가 찍어주신 **사진들이** 있었다. **해맑게 웃고 있는** 어린 아이들이 무척 **귀여웠다.**

Looking around the house, my sister **felt relieved** and **opened** a photo album on her **cell phone,** saying she would show me our **childhood.** There were **pictures** taken by my mom when we were young. The young children who **were smiling brightly** were very **cute.**

한 사진 속에서 우리는 패션쇼를 한다며 **화려한** 색상의 **보자기를** 두르고 장난을 치고 있었다. 우리 가족이 사랑했던 강아지를 **껴안고 쓰다듬는** 모습도 있었다. 우리 **삼남매가** 어렸을 때 크리스마스 트리를 거실에 세워두고 춤을 추다가 찍힌 사진은 **특히 압권이었다.**

In one picture, we were playing around wearing **colorful fabric** saying we were doing a fashion show. There was also a picture of us **hugging** and **stroking** a dog my family loved. The photos taken while my **three siblings** had been dancing in the living room with a Christmas tree were **especially overwhelming**, emotionally speaking.

당시 우리는 거울 앞에서 **러닝셔츠와** 팬티 바람으로 춤을 추고 있었다. 엄마가 카메라를 들이밀었을 때 나는 **복장**때문에 **급격히 소심해졌지만** 동생은 아주 **개성있고 당당한** 포즈를 선보였다.

At that time, we were dancing in **sleeveless undershirts** and underwear in front of a mirror. When my mom pushed the camera in, I became **suddenly timid** because of my too casual **outfit**, but my sister showed a very **characterful** and **confident** pose.

사진을 보고난 후, 동생이 **배고파했다.** 나는 **전기밥솥에** 미리 쪄둔 **단호박을** 동생에게 주었다. 그랬더니 동생이 소스라치게 **놀랐다.** "언니가 요리도 할 줄 알아??" 이게 그렇게 **놀랄 일**이었나? 단호박을 **찌는** 것을 요리라고 하기에는 만드는 게 너무 **간단했다.**

After seeing the pictures, my sister felt **hungry**. I gave her the **sweet pumpkin** I had **steamed** in the **electric rice cooker**. Then she was very **astonished**. "Sis, you can cook!" Was it such a **surprise**? Steaming the pumpkin was too **simple** to be called cooking.

그것도 내가 한게 아니라 밥솥이 다 한 요리했다. 하지만 동생은 이 사실이 무척 **인상깊었는지 나중에** 엄마께 **전화를 걸어서** 이를 알려드렸다.

The task was not even performed by me, but by the rice cooker.

However, my younger sister was very **impressed**, and **later** she **called** our mother to tell her.

내가 대학생이 되기 전 집에 있을 때에는 거의 요리를 해본 적이 없었다. 고등학생 때에도 급식을 **제공하는 기숙사가 있는 학교에서** 지내다 보니 요리를 할 일이 없었다. 예전에는 내가 간단한 인스턴트 라면을 **끓여도** 맛이 없어서 동생들이 **먹고 싶어하지** 않았다. 그래서 동생의 **감탄이 이해가** 되었다.

I rarely cooked when I was at home before I became a university student. Even when I was in high school, I had no reason to cook because I lived in a **boarding school** that **provided** meals. In the past, even if I **cooked** simple instant ramen, it was not delicious, so my siblings didn't **feel like having** it. Therefore, I could **understand** my younger sister's **admiration**.

하지만 나는 이제 **계란말이도** 할 줄 알고 **참치볶음밥, 김치전, 콩나물국도** 끓일 줄 안다. 친구와 함께 살면서 매일 **거르지** 않고 **아침 식사를** 돌아가며 **준비했고**, 그로 인해 요리 실력이 많이 **늘었다**.

However, now I know how to make **egg rolls** and cook **tuna fried rice**, **kimchi pancake**, and **bean sprout soup**. Living with my friend, I have **prepared breakfast** every day without **skipping** it, and my cooking skills have **improved** a lot.

이 집에서 산지도 참 오랜 시간이 흘렀다. 처음 이 집에 들어왔을 때 내가 인테리어에 대해서 아는 것이 없었기에 **상아빛 벽지**로 도배를 했었다. 집의 **분위기는** 카페처럼 **우중충해졌고**, 나는 **교회** 형제자매들의 도움을 받아 집을 흰색 벽지로 **다시 도배해야** 했다.

I've lived in this house for a long time. When I first came into this house, I did not know anything about decorating and I covered the walls with **ivory wallpaper**. The **atmosphere** of the house became as **dreary** like a café, and I had to **repaper** it with white wallpaper with the help of my **church** brothers and sisters.

그런데 세월이 흘러 흰 벽지가 다시 **누리끼리해져서 불을 켜도** 집 안이 **침침했다**. 특히 **가스레인지** 근처의 벽지와 **현관문** 옆 벽지는 **기름때와 손때로** 새 단장이 **절실했다**.

However, as time passed, the white wallpaper became **yellowish** again, so it was **gloomy** even when I **turned on the light**. In particular, the wallpaper near **the gas stove** and next to the **front door** was **in desperate need of** new papering because of the **oil and hand stains**.

다른 교회 식구들을 초대하는 것을 **목표로** 나와 친구는 집을 **단장하기** 시작했다. 우리는 둘이서 틈틈이 도배를 했다. **풀을** 만들어 벽지에 **바르는** 데에 드는 시간을 **단축하기** 위해서 인터넷에서 판매하는 '풀바른 벽지'를 구매했다. **확실히** 시간이 많이 **절약되었다**.

Aiming to invite other church members, my friend and I started to **decorate** the house. We papered the house in our spare time. To **reduce** the time it takes to make **glue** and **apply** it to the wallpaper, we bought 'pre-pasted wallpaper' sold on the Internet. It **certainly saved** a lot of time.

도배를 하고 난 후에 가스레인지 **근처의** 벽에는 **기름때 방지용** 시트지를 붙였다.

After finishing the paperhanging, we attached **oil-resistant** sheets to the walls **near** the gas stove.

집이 지어진 지 오래 되어서 그런지 **전기** 소켓도 색이 **누렇게** 바래있어서, 우리는 **흰** 페인트를 사서 소켓도 하얗게 칠했다. 우리는 내친 김에 검은색 **책장과 거울을 둘러싸고** 있는 검은색 나무 테두리도 흰 색으로 칠했다. 집 안의 분위기가 훨씬 산뜻하고 **단정해졌다**.

Maybe because the house was built a long time ago, the **electric** socket was **yellow**, so we bought **white** paint and painted it. We also painted the black **bookcase** and the black wooden trim **surrounding** a **mirror** in white. The atmosphere in the house has become much fresher and **tidier.**

우리는 화려한 포인트 벽지로 한쪽 벽만 도배하여 방을 더 화사하게 해 보려고 했지만, 그 작업을 하고 있을 시간적 엄두가 나지 않았다. 집 **전체**를 틈틈히 도배하는 데에 거의 몇 주가 걸렸다. 그래서 **비교적** 간편한 스티커식 포인트 벽지를 **구매했다.**

We thought about spicing up one side of the white walls with colorful wallpaper so that the room becomes brighter, but we couldn't imagine the time it would take to do the work. It took several weeks for the **entire** house to be papered. So we **bought relatively** simple sticker-type wall decals.

하지만 이게 웬걸! 인터넷으로 볼 때에는 **고급스럽고** 예뻤는데, 실제로 도착한 상품은 할머니 방에 있을 법한 **촌스러운 홍매색의** 꽃들이었다. 우리는 이런 것에 안목이 있는 **지인**에게 조언을 구했고 **결국은** 과감히 스티커를 **버리게 되었다.**

What went wrong? It was **luxurious** and pretty on the Internet, but the actual goods that arrived were **rustic red plum** flowers that would have suited a grandmother's room. We went looking for advice from an **acquaintance** who had an eye for this and **ended up throwing** away the stickers.

직장을 다니면서 틈틈히 집을 도배하고 꾸미는 게 쉽지는 않았다. 하지만, 끝내고 나니 집 **환경도** 새로워지고, 도배의 **경험도** 했다는 생각에 **보람이** 느껴졌다.

It was not easy to paper and decorate the house in our spare time while working. However, after finishing it, I thought it was **rewarding** because I had a new home **environment** and gained the **experience** of repapering.

요약 / Summary

나는 새로 이사 온 집에 동생을 처음으로 초대하여 집을 구경시켜주었다. 동생의 휴대폰 사진첩에 저장되어 있는 어린 시절 사진들을 함께 보며 즐거운 시간을 보냈다. 나는 동생에게 찐 단호박을 간식으로 주었는데, 동생은 요리를 못하던 과거의 나를 생각하며 무척 감탄했다. 집에서 산 지 오랜 시간이 지나자 벽이 누래졌고, 나는 같이 사는 친구와 함께 집을 새로 도배했다. 흰색 페인트를 구매하여 전기 소켓과 검은색 책장, 거울을 둘러싸고 있는 검은색의 나무 테두리 등도 칠을 해 집을 새롭게 단장했다.

I invited my younger sister to my new house for the first time and showed her around. We had a good time looking at the childhood pictures stored in my sister's cell phone photo album. I gave my sister steamed sweet pumpkin as a snack, and she was very impressed by me because I had not been good at cooking. After a long time of living at this house, the walls turned yellow, and I repapered rooms with the friend living with me. We also bought white paint and painted electric sockets, the black bookcase and the black wooden trim surrounding a mirror to refurbish the house.

사용된 단어들 / Vocabulary List

- **집**: house
- **여동생**: younger sister
- **처음**: for the first time
- **방문하다**: visit
- **(학교에) 다니다**: attend
- **(거리가) 먼**: distant
- **만나다**: meet
- **쉬운**: easy
- **동네**: town
- **거실**: living room
- **공영주차장**: public parking lot
- **앞에는**: in front
- **더 안전한**: safer
- **설치된**: installed
- **작동하는**: operating
- **24 시간**: 24 hours
- **곰팡이**: mold
- **벌레**: insect
- **조용한**: quiet
- **아름다운 꽃들**: beautiful flowers
- **안심하다**: feel relieved
- **휴대폰**: cell phone
- **열다**: open
- **어린 시절**: childhood
- **사진**: picture
- **귀여운**: cute
- **해맑게 웃고 있는**: be smiling brightly
- **화려한**: colorful
- **보자기**: cloth-wrappers
- **껴안다**: hug
- **쓰다듬다**: stroke
- **삼 남매**: three siblings
- **특히 압권인**: especially overwhelming
- **러닝셔츠**: sleeveless undershirt
- **급격히**: suddenly
- **소심한**: timid
- **복장**: outfit
- **개성있는**: characterful
- **당당한**: confident
- **배고픈**: hungry
- **단호박**: sweet pumpkin
- **(증기에) 찐**: steamed
- **전기밥솥**: electric rice cooker

- **놀란**: astonished
- **놀람**: surprise
- **간단한**: simple
- **인상깊은**: impressed
- **전화를 걸다**: call
- **나중에**: later
- **기숙사가 있는 학교**: boarding school
- **제공하다**: provide
- **끓이다**: cook
- **~를 먹고 싶어하다**: feel like having ~
- **감탄**: admiration
- **이해하다**: understand
- **계란말이**: egg roll
- **참치볶음밥**: tuna fried rice
- **김치전**: kimchi pancake
- **콩나물국**: bean sprout soup
- **준비하다**: prepare
- **아침식사**: breakfast
- **거르다**: skip
- **늘다**: improve
- **상아빛**: ivory
- **벽지**: wallpaper
- **분위기**: atmosphere
- **우중충한**: dreary

- **다시 도배하다**: repaper
- **교회**: church
- **누리끼리한**: yellowish
- **침침한**: gloomy
- **불을 키다**: turn on the light
- **가스레인지**: gas stove
- **현관문**: front door
- **절실한**: in desperate need of
- **기름때와 손때**: oil and hand stains
- **목표로 하다**: aim
- **단장하다**: decorate
- **단축하다**: reduce
- **풀**: glue
- **바르다**: apply
- **절약하다**: save
- **확실히**: certainly
- **근처의**: near
- **기름 방지용**: oil-resistant
- **전기의**: electric
- **누런**: yellow
- **흰**: white
- **책장**: bookcase
- **거울**: mirror
- **둘러싼**: surrounding
- **단정한**: tidy

16

- **구매하다**: purchase, buy
- **전체의**: entire
- **비교적으로**: relatively
- **고급스러운**: luxurious
- **촌스러운**: rustic
- **홍매색의**: red plum

- **결국은 ~하게 되다**: end up ~ing
- **지인**: acquaintance
- **보람, 보상**: rewarding
- **환경**: environment
- **경험**: experience

문제 / Questions

1. 왜 화자의 여동생은 화자의 새 집에 그동안 오지 않았습니까?

    a. 서로 사이가 좋지 않아서

    b. 거리가 멀어서

    c. 새로 이사를 한 줄 몰라서

    d. 위 중에 답이 없다

2. 새로운 집의 특징이 아닌 것은?

    a. 곰팡이가 없다

    b. 바퀴벌레가 산다

    c. 집 앞에 공영 주차장이 있다

    d. 집 주변이 조용하다

3. 여동생의 성격은 어떨 것 같습니까?

    a. 당당하고 씩씩하다

    b. 내성적이고 수줍음을 탄다

    c. 무관심하고 말이 없다

    d. 참견을 많이 하고 수다스럽다

4. 화자가 도배 후 가스레인지 근처에 붙인 것은?

    a. 꽃 무늬 시트지

    b. 방화 페인트

    c. 기름 방지 시트지

    d. 요리 레시피

5. 화자가 흰색페인트를 사용해 칠하지 않은 것은?

   a. 전기 소켓

   b. 거울의 나무 테두리

   c. 책꽂이

   d. 문지방

정답 / Answers

1. B - Because of the distance.

2. B - Cockroaches live there.

3. A - Confident and vigorous.

4. C - Oil-resistant sheet.

5. D - Door sill.

CHAPTER 2

한국의 전통 요리 / Traditional Korean Cuisine

오늘은 한국 **전통 음식**을 **소개해보려고** 합니다. 잔치국수는 예로부터 **결혼식**, 생일상, **환갑잔치** 등에 빠지지 않고 **등장하는** 메뉴입니다. 국수의 길다란 **면발**은 **오랫도록 건강하고 행복하게** 잘 살라는 **축복**의 **의미**를 담고 있습니다.

잔치국수는 **삶은** 국수 사리에 **고명을** 얹고 멸치장국을 **부어내면 완성됩니다.** 육수를 우려내고 고명으로 들어갈 **계란 지단, 야채, 고기** 등을 일일히 **준비하는** 과정은 손이 많이 갑니다. 하지만, **일단** 이런 제반 작업만 해두면 간편하게 잔치국수를 **조리해 내놓을** 수 있어서 **잔치에** 오는 **손님들을** 대접하는 데에는 **안성맞춤입니다.**

조선시대에는 단지 초청한 손님만 **잔치 음식을** 먹는 게 아니라 **나그네나 걸인에게도** 주었기 때문에 손쉽게 만들어서 **누구에게나** 대접할 수 있는 요리가 필요했습니다. 지금도 **마찬가지의 이유로** 많은 사람이 쉽게 먹을 수 있도록 잔치국수를 **만듭니다.** 잔치국수는 **뷔페에도** 자주 등장하는 메뉴이며, **교회에서 어려운 사람들에게 무료로 나눠주는** 음식이기도 합니다.

지금 한국에서는 결혼식 하객에게 잔치국수를 **주 메뉴로** 대접하는 일은 별로 없습니다. 하지만 누군가에게 **결혼 계획**을 물어볼 때 '언제 국수 **먹여줄 거야?**'라는 **표현**을 여전히 **사용한답니다.**

또 **역사**가 오래된 음식은 팥**죽**입니다. 중국, 일본, 베트남 등 동양권 나라들에서도 먹는 이 팥죽의 주**재료**는 팥이며, 단 맛을 **가미하여** 단팥죽으로 먹기도 합니다. 일 년 중 낮이 가장 짧다는 동지가 되면, 우리나라 사람들은 **귀신과 액운을 쫓아내기** 위해 팥죽과 부럼을 함께 먹곤 했습니다.

우리 조상들은 귀신이 빨간색을 싫어한다고 믿었습니다. 부럼은 견과류를 지칭하는데, 부럼을 **깨물면** 나는 **큰 소리에** 귀신이 **도망간다고** 여겼다고 합니다.

팥죽은 **취향**에 따라 다양하게 먹을 수 있습니다. 팥 **껍질**을 **제거하기도** 하고, **갈아서** 죽에 같이 넣어서 먹기도 합니다. **간은 소금으로** 하기도 하고, **지역**에 따라서는 **설탕**을 **선호하는** 곳도 있습니다. 안에는 **찹쌀**을 동그랗게 빚어 만든 **새알**을 넣기도 하며, 칼국수를 넣어 팥칼국수로 **즐기기도** 합니다.

삼계탕은 맵지 않은 닭 요리로, 주로 **복날**에 먹는 한국의 대표적인 보양식입니다. 삼계탕을 만들기 위해서는, 먼저 한 사람이 먹기에 **알맞은** 작은 크기의 어린 닭을 구해 **배**를 되도록 조금만 **갈라서** 내장을 빼냅니다.

그 후, 안에 **불린 찹쌀**과 **인삼, 대추, 마늘, 밤,** 황기를 넣고 **약재들이** 밖으로 **빠져나오지** 않도록 갈라진 **부분을 실로 동여 맵니다.** 마지막으로, 닭을 뚝배기에 담아 **끓이다가** 물이 펄펄 끓으면 불을 줄이고 한 시간 이상을 다시 **서서히 끓여 냅니다.**

삼계탕이라는 이름은 1960 년대 6.25 전쟁 이후에 생겼으며, 인삼이

들어간 경우에만 삼계탕이라고 부릅니다. 삼계탕의 원조인 닭백숙은 인삼이나 약재를 넣지 않고 닭만 끓인 국으로, 조선시대 시절부터 **존재했습니다.**

삼계탕은 가격이 상당히 **비쌉니다.** 12000 원 정도는 **기본이고,** 45000 원까지 받는 음식점도 있습니다. 닭의 속을 채우는 데 손이 많이 가고, 끓이는 시간이 많이 들며, 인삼 같은 **귀한** 약재가 많이 필요하기 때문입니다.

시간과 정성이 많이 들기 때문에 예전에는 집에서 삼계탕을 해 먹기가 만만치 않았습니다. 하지만 요즘은 레토르트 식품으로 나오기 때문에 사다가 **압력솥이나 냄비에** 간단히 끓여먹을 수 있습니다.

삼계탕은 외국인들의 입맛에도 **잘 맞는** 음식입니다. 닭 요리는 어느 나라에서나 **흔해서 거부감이 적다고** 합니다. 한국에서는 주로 삼계탕을 더운 **여름에** 지친 원기를 **보충하기** 위해 먹는데, 외국인들은 **겨울에** 주로 찾습니다.

우리나라의 한 식품 회사에서는 동남아로 진출하여 삼계탕 **전문점을 운영하고** 있습니다. 삼계탕의 **원조라고** 하는 서소문의 한 삼계탕집은 늘 일본인과 중국인 관광객으로 **가득합니다.**

한국의 전통 요리 / Traditional Korean Cuisine with English Translation

오늘은 한국 **전통 음식**을 **소개해보려고** 합니다. 잔치국수는 예로부터 **결혼식**, 생일상, **환갑잔치** 등에 빠지지 않고 **등장하는** 메뉴입니다. 국수의 길다란 **면발**은 **오랫도록 건강하고 행복하게** 잘 살라는 **축복**의 **의미**를 담고 있습니다.

Today, I am going to **introduce** Korean **traditional foods**. *Janchi-guksu* is a menu that **appears** at **weddings**, birthdays, **60th birthday parties**, and so on. The long **noodles** have the **meaning** of **blessing** to live a **long**, **healthy** and **happy** life.

잔치국수는 **삶은** 국수 사리에 **고명을** 얹고 멸치장국을 **부어내면 완성됩니다.** **육수를** 우려내고 고명으로 들어갈 **계란 지단**, **야채**, **고기** 등을 일일히 **준비하는** 과정은 손이 많이 갑니다. 하지만, **일단** 이런 제반 작업만 해두면 간편하게 잔치국수를 **조리해 내놓을** 수 있어서 **잔치에** 오는 **손님들을** 대접하는 데에는 **안성맞춤입니다.**

Janchi-guksu **is completed** by putting **garnish** on **boiled noodles** and **pouring anchovy broth**. Making **broth** and garnishes such as **sliced fried eggs**, **vegetables**, and **meat** requires a lot of **preparation**. However, **once** you've done all these things, it's easy to **cook** and **serve** *Janchi-guksu*, so it's **perfect** to serve **guests** at **parties**.

조선시대에는 단지 초청한 손님만 **잔치 음식을** 먹는 게 아니라 **나그네나 걸인에게도** 주었기 때문에 손쉽게 만들어서 **누구에게나** 대접할 수 있는 요리가 필요했습니다. 지금도 **마찬가지의 이유로** 많은 사람이 쉽게 먹을 수 있도록 잔치국수를 **만듭니다.** 잔치국수는 **뷔페에도** 자주 등장하는 메뉴이며, **교회에서 어려운 사람들에게 무료로 나눠주는** 음식이기도 합니다.

In the Joseon Dynasty, not only guests were given a **feast**, but also **travelers** or **beggars**, so party hosts needed a dish that could be easily made and served to **anyone. For the same reason**, we still **make** *Janchi-guksu* for many people to be fed easily. *Janchi-guksu* is a menu that often appears in **buffets**, and it is also **distributed free of charge** to **people in need** at **churches**.

지금 한국에서는 결혼식 하객에게 잔치국수를 **주 메뉴로** 대접하는 일은 별로 없습니다. 하지만 누군가에게 **결혼 계획**을 물어볼 때 '언제 국수 **먹여줄** 거야?'라는 **표현**을 여전히 **사용한답니다**.

Janchi-guksu is no longer served as the **main menu** to guests at weddings in Korea. However, we still **use** the **expression**, 'When are you going to **feed** us *guksu*?' when they ask someone about their **wedding plans**.

또 **역사**가 오래된 음식은 팥죽입니다. 중국, 일본, 베트남 등 동양권 나라들에서도 먹는 이 팥죽의 주**재료**는 팥이며, 단 맛을 **가미하여** 단팥죽으로 먹기도 합니다. 일 년 중 낮이 가장 짧다는 동지가 되면, 우리나라 사람들은 **귀신과 액운을 쫓아내기** 위해 팥죽과 부럼을 함께 먹곤 했습니다.

Another food with a long **history** is red bean **porridge**. Red bean is the main **ingredient** of this dish, which is also eaten in China, Japan, and Vietnam, and it is also eaten as sweet red bean porridge with sugar **added**. Korean used to eat red bean porridge and *Burum* on *Dongji*, when daylight hours are the shortest of the year, to **drive away evil spirits** and **bad luck**.

우리 조상들은 귀신이 빨간색을 싫어한다고 믿었습니다. 부럼은 견과류를 지칭하는데, 부럼을 **깨물면** 나는 **큰 소리에** 귀신이 **도망간다고** 여겼다고 합니다.

Ancient Koreans believed that **ghosts** hated red. *Burum* refers to nuts, and when you **bite** them, the Koreans thought the ghosts **ran away** due to the **loud noises**.

팥죽은 **취향**에 따라 다양하게 먹을 수 있습니다. 팥 **껍질을 제거하기도** 하고, **갈아서** 죽에 같이 넣어서 먹기도 합니다. **간은 소금으로** 하기도 하고, **지역**에 따라서는 **설탕을 선호하는** 곳도 있습니다. 안에는 **찹쌀**을 동그랗게 빚어 만든 **새알**을 넣기도 하며, 칼국수를 넣어 팥칼국수로 **즐기기도** 합니다.

Red bean porridge can be eaten in a variety of ways according to your **taste**. You can **remove** the red bean **skin** from the porridge or **grind** it and put it in together. Some **regions season** the porridge with **salt,** but other **provinces prefer sugar**. In the porridge, you can put **small round dumplings** made of **glutinous rice**, or you can **enjoy** red bean noodle soup with *Kal-guksu*.

삼계탕은 맵지 않은 닭 요리로, 주로 **복날**에 먹는 한국의 대표적인 보양식입니다. 삼계탕을 만들기 위해서는, 먼저 한 사람이 먹기에 **알맞은** 작은 크기의 어린 닭을 구해 **배**를 되도록 조금만 **갈라서 내장**을 빼냅니다.

Samgyetang is a non-spicy chicken dish, and it is a best known health food of Korea that is usually eaten on **Dog Day**. To make *Samgyetang*, first, get a small-sized chicken **suitable** for one serving, **split** the **stomach** as little as possible, and take out the **intestines**.

그 후, 안에 **불린 찹쌀**과 **인삼, 대추, 마늘, 밤,** 황기를 넣고 **약재들**이 밖으로 **빠져나오지** 않도록 **갈라진 부분을 실로 동여 맵니다**. 마지막으로, 닭을 뚝배기에 담아 **끓이다가** 물이 펄펄 끓으면 불을 줄이고 한 시간 이상을 다시 **서서히 끓여 냅니다**.

Then, add the **soaked glutinous rice, ginseng, jujube, garlic, chestnuts,** and milk vetch roots, and pull together and **sew the cut-open parts** to prevent the **medicinal herbs** from **escaping**. Lastly, **boil** the chicken in a *Ttukbaegi*, an unglazed earthen pot, and when the water boils, reduce the heat and **simmer** it for more than an hour.

삼계탕이라는 이름은 1960 년대 6.25 전쟁 이후에 생겼으며, 인삼이 들어간 경우에만 삼계탕이라고 부릅니다. 삼계탕의 원조인 닭백숙은 인삼이나 약재를 넣지 않고 닭만 끓인 국으로, 조선시대 시절부터 **존재했습니다**.

The name *Samgyetang* came after the Korean War in the 1960s, and it is called Samgyetang only when ginseng is added. Samgyetang *originated from Dak-baeksuk*, a whole chicken soup, with only chicken, without ginseng or medicinal herbs. It has **existed** since the Joseon Dynasty.

삼계탕은 가격이 상당히 **비쌉니다**. 12000 원 정도는 **기본이고**, 45000 원까지 받는 음식점도 있습니다. 닭의 속을 채우는 데 손이 많이 가고, 끓이는 시간이 많이 들며, 인삼 같은 **귀한** 약재가 많이 필요하기 때문입니다.

Samgyetang is quite **expensive**. 12,000 won ($10) for a **basic** serving, and some restaurants charge up to 45,000 won ($37). This is because it takes a lot of effort to fill the stomach of chickens, a long time to cook, and lots of **valuable** medicinal ingredients such as ginseng.

시간과 정성이 많이 들기 때문에 예전에는 집에서 삼계탕을 해 먹기가 만만치 않았습니다. 하지만 요즘은 레토르트 식품으로 나오기 때문에 사다가 **압력솥이나 냄비에** 간단히 끓여먹을 수 있습니다.

Due to the time and effort it takes, it used to be difficult to make *Samgyetang* at home, but these days, it comes in a retort pouch, so you can try it by simply boiling it in a **pressure cooker** or **pot**.

삼계탕은 외국인들의 입맛에도 **잘 맞는** 음식입니다. 닭 요리는 어느 나라에서나 **흔해서 거부감이 적다고** 합니다. 한국에서는 주로 삼계탕을 더운 **여름에** 지친 원기를 **보충하기** 위해 먹는데, 외국인들은 **겨울에** 주로 찾습니다.

Samgyetang is a food that **suits** the taste of foreigners as well. Chicken dishes are **common** in all countries, so they are **less distasteful**. In Korea, people usually eat *Samgyetang* to **replenish** their lost energy in the hot **summer**, but foreigners usually want it in the winter.

우리나라의 한 식품 회사에서는 동남아로 진출하여 삼계탕 **전문점**을 **운영하고** 있습니다. 삼계탕의 **원조**라고 하는 서소문의 한 삼계탕집은 늘 일본인과 중국인 관광객으로 **가득합니다**.

A Korean food company has entered Southeast Asia and **operates** a Samgyetang **specialty store**. A restaurant in Seosomun, known as the **original** restaurant of *Samgyetang*, **is always full of** Japanese and Chinese tourists.

요약 / Summary

한국의 전통 음식 중 하나인 잔치국수는 옛날에 잔치에 온 많은 사람들을 빠르게 대접하기에 좋은 음식이었습니다. 국수의 긴 면발은 사랑과 건강이 오래 지속되기를 바라는 염원을 담고 있기도 합니다. 동지에 먹는 팥죽은 귀신과 액운을 물리치기 원하는 마음으로 먹는 음식입니다. 취향에 따라 당도를 조절할 수도 있고, 안에 넣는 재료도 선택할 수 있습니다. 삼계탕은 여름에 원기 회복을 위해 먹는 음식이며, 인삼과 약재가 들어가 있어 몸에 좋고, 외국인에게도 인기가 많습니다.

Janchi-guksu, one of Korea's traditional foods, was a good dish to quickly serve many people who came to a party in the past. The long noodles also represent a desire for love and health to last for a long time. Red bean porridge eaten on the winter solstice is food to fight off ghosts and bad luck. You can adjust the sugar content according to your preference, and you can choose ingredients. *Samgyetang* is food for replenishing in summer, and it is good for health as it contains ginseng and medicinal ingredients. It is popular with foreigners.

사용된 단어들 / Vocabulary List

- **전통의**: traditional
- **음식**: food
- **소개하다**: introduce
- **등장하다**: appear
- **환갑잔치**: 60th birthday party
- **면발, 국수사리**: noodles
- **의미**: meaning
- **축복**: blessing
- **오래인**: long
- **건강한**: healthy
- **행복한**: happy
- **완성되다**: be completed
- **고명(을 얹다)**: garnish
- **삶은**: boiled
- **(액체를) 붓다**: pouring
- **육수**: broth
- **계란 지단**: sliced fried egg
- **야채**: vegetable
- **고기**: meat
- **준비**: preparation
- **일단 ~하면**: once
- **조리하다**: cook
- **(음식을): 내놓다**: serve

- **안성맞춤인, 완벽한**: perfect
- **손님**: guest
- **잔치**: party, feast
- **나그네**: traveler
- **걸인**: beggar
- **누구에게나**: anyone
- **마찬가지의 이유로**: for the same reason
- **뷔페**: buffet
- **나눠주다**: distribute
- **무료로**: free of charge
- **어려운 사람들**: people in need
- **교회**: church
- **주 메뉴**: main menu
- **표현**: expression
- **먹이다**: feed
- **결혼 계획**: wedding plan
- **사용하다**: use
- **역사의**: history
- **재료**: ingredient
- **가미하다, 더하다**: add
- **죽**: porridge
- **귀신**: evil spirit, ghost

- **액운**: bad luck
- **쫓아내다**: drive away
- **깨물다**: bite
- **도망가다**: ran away
- **큰 소리**: loud noise
- **취향, 입맛**: taste
- **제거하다**: remove
- **껍질, 피부**: skin
- **갈다**: grind
- **지역**: region, province
- **간을 하다, 양념하다**: season
- **소금**: salt
- **선호하다**: prefer
- **설탕**: sugar
- **새알**: small round dumpling
- **찹쌀**: glutinous rice
- **즐기다**: enjoy
- **복날**: Dog Day
- **알맞은**: suitable
- **가르다**: split
- **배**: stomach
- **내장**: intestines
- **불린 찹쌀**: soaked glutinous rice
- **인삼**: ginseng
- **대추**: jujube
- **마늘**: garlic
- **밤**: chestnut
- **실로 동여 매다**: sew
- **갈라진 부분**: cut-open part
- **약재**: medicinal herb
- **빠져나오다, 탈출하다**: escape
- **펄펄 끓이다**: boil
- **졸이다, 서서히 끓이다**: simmer
- **존재하다**: exist
- **비싼**: expensive
- **기본인**: basic
- **귀한** valuable
- **압력솥**: pressure cooker
- **냄비**: pot
- **잘 맞다**: suit
- **흔한**: common
- **거부감이 적은**: less distasteful
- **보충하다**: replenish
- **겨울**: winter
- **여름**: summer
- **운영하다**: operate
- **전문점**: specialty store
- **원조의**: original
- **가득하다**: be full of

문제 / Questions

1. 옛날에 사람들이 잔치 메뉴로 국수를 대접한 이유를 모두 고르세요.

    a. 밀가루가 흔하고 저렴한 재료라서

    b. 음식을 내는 데 드는 시간을 줄이려고

    c. 나눠주는 데 부담이 없어서

    d. 재료 준비에 정성이 많이 들기에

2. 잔치국수에는 어떤 축복의 의미가 깃들어 있습니까?

    a. 건강하고 행복하게 오래 살아라

    b. 돈을 많이 벌어라

    c. 자녀를 많이 낳아라

    d. 귀신을 물리쳐라

3. "언제 국수를 먹냐"는 질문은 무슨 뜻입니까?

    a. 결혼을 언제 하니?

    b. 환갑 잔치를 언제하니?

    c. 네 요리 시간은 너무 길어.

    d. 동지가 언제지?

4. 팥과 부럼의 공통점으로 제시된 것은?

    a. 빨간 색이다

    b. 큰 소리를 낸다

    c. 귀신이 싫어한다고 여겨진다

    d. 다른 나라에서도 자주 먹는다

5. 삼계탕에 관련된 설명으로 옳지 않은 것은?

    a. 비싼 편이다

    b. 인삼이 없으면 삼계탕이 아니다

    c. 외국인들도 좋아하는 편이다

    d. 한국에서는 주로 겨울에 먹는다

정답 / Answers

1. B - To reduce the time it takes to serve dishes, C - Because there's no pressure to give it away for free.

2. A - Live long, healthy and happy life.

3. A - When are you getting married?

4. C - Ghosts are considered to dislike them.

5. D - In Korea, people usually eat it in winter.

CHAPTER 3

소소한 나들이 / Small Outing

현진은 한강으로 **나들이**를 나왔다. **한강**은 서울을 가로질러 흐르는 강이다. **날씨**가 좋을 때 **사람들**은 한강에서 **시간** 보내는 것를 좋아한다. 현진은 오늘 한강에서 **친구**를 만나기로 했다. 현진은 **최근에** 일이 **바빠져서 한동안 여유롭게** 쉬지 못했다. **마침내** 프로젝트들을 성공적으로 마쳤고, 이제 어떤 부담도 없이 **편하게** 쉬는 시간을 보낼 수 있게 되었다.

오랜만에 친구를 본다는 사실에 현진은 **기분이 좋아졌다**. 한강으로 가는 그의 발걸음은 가벼웠다. 상쾌한 **산들바람**이 그를 신나게 했다. 강 주변에 넓게 펼쳐진 **초록색 잔디밭**이 보였다. 잔디 사이로 작은 **꽃**들이 바람에 조금씩 **흔들렸다.** 한강은 **시원하게** 흘렀고 **하늘**만큼 푸르렀다. 물결은 **햇빛**을 반사해 **별**처럼 작게 반짝였다. 어느새 **나무**에는 **초록색** 이파리가 다 자라 있었다. 현진은 **생각했다.** '**봄**이구나'.

현진은 **약속** 장소에 예상보다 **일찍** 도착했다. 그는 한강을 따라 혼자 걷기 시작했다. 날씨가 정말 좋았기 때문에 강변은 잔디밭에 둘러앉아 **간식을** 먹는 사람들로 붐볐다. 강을 따라 길게 이어진 **자전거 도로**에는 자전거를 타는 사람들이 있었다. 그는 가까운 **카페**로 향했다. 한강에는 강의 **북쪽**과 **남쪽**을 잇는 30개의 **다리**가 있다.

여름이면 이 다리들 아래로 임시 **영화관**이 생겼다. **밤**이 되면 스크린이 세워지고 영화가 상영된다. 현진은 **몇 년 전에** 다리 밑 영화관에 갔던 일이 생각났다. 여름밤에 콜라를 마시며 **야외**에서 영화를 보는 즐거운 **기억**이었다. 영화관만큼 **시설**이 좋지는 않았지만, 모두가 약간의 **불편함**은 무시하는 것처럼 보였다. 카페에 도착한 현진은 **커피를 주문했다**. **향긋한** 커피를 마시면서 그는 다시 한강을 내려다보았다. 바쁘게 보냈던 지난 몇 달을 생각했다. 그는 아침에 일찍 출근해서 밤 늦게 퇴근하곤 했다.

현진의 사무실 **창**을 통해 한강의 북쪽 끝까지 한 눈에 볼 수 있다. 그의 사무실은 남쪽 강변에서 **가장 큰 건물**이었다. 현진이 일하는 건물은 북쪽 강변에 **똑같이** 큰 건물과 마주 보고 있었다. 그는 일부러 전망이 좋은 사무실을 골랐다. 그런데도 그는 한동안 한강을 보지 못한 것만 같았다. 그래서 그는 마치 한강에 오랜만에 온 것 같다고 생각했다.

얼마 후에 현진의 친구가 **카페**에 **도착했다**. 그의 이름은 철수이다. 철수는 커피를 **주문**하고 현진의 앞에 앉았다. 둘은 어렸을 때부터 함께 자란 친구였다. 지방에 살던 철수는 전통문화에 관심이 많았고, 현진은 다음날 그와 함께 경복궁을 방문하기로 했다.

다음날, 현진은 **지하철을** 타고 **경복궁**에 갈 계획이었다. 경복궁은 **서울**의 중심에 위치해 있으며, 500 년 역사의 조선왕조를 **중심**으로 수많은 **왕**들이 살았던 곳이다. 경복궁은 서울시 종로구에 있으며, 매일 많은 **관광객**이 찾는 **유명 관광명소**다. **제 시간 안에** 도착하려면 그는 **집에서 적어도** 한 시간 전에는 출발해야 했다.

그는 **빠르게 샤워를** 마친 뒤 **이를 닦으면서** 옷을 입었고, **신발장에서**

신발을 꺼내면서 면도를 했다. 그는 집을 나와서 곧바로 **가까운 지하철 역**으로 내려갔다. **다행히** 지하철이 바로 도착했다. '오늘은 운이 좋구나' 그는 생각했다. **휴일**이라 지하철에 사람들이 많았다. 아이를 데리고 소풍을 나온 가족들부터 **데이트**하러 가는 **연인들**까지, 모두의 얼굴에 웃음이 가득한 주말 아침이었다. 종로구로 가기 위해 그는 **중간에** 한번 **환승을** 해야 했다.

환승역에서 내린 현진은 빠르게 다른 노선으로 걸어갔다. 이번에도 지하철이 바로 도착했다. '오늘은 정말 운이 좋네!' 그는 **생각했다**. **머지않아** 철수가 영희**라는 이름의** 고등학생 여동생과 함께 도착했다. 현진은 함박웃음으로 그들을 맞았다.

영희는 아침 **일찍** 잠에서 깼다며, 너무 설레서 아침도 **간단히** 먹고 경복궁 **근처의 한복** 대여점을 검색해봤다고 했다.

한복을 입고 경복궁을 걸어 다니는 것은 영희가 꼭 하고 싶었던 일 중에 하나였다. 한복 대여점들의 **대여 비용**은 다 **달랐다**. 영희는 **최소한 네** 군데의 대여점을 알아보고 가격을 **비교**해봐야 한다고 주장했다. 영희의 소원대로 그들은 대여점에 들러 한복을 맞춘 뒤, 따사로운 햇살을 받으며 경복궁 매표소로 향했다.

소소한 나들이／ Small Outing
with English Translation

현진은 한강으로 **나들이**를 나왔다. **한강**은 서울을 가로질러 흐르는 강이다. **날씨가** 좋을 때 **사람들**은 한강에서 **시간** 보내는 것를 좋아한다. 현진은 오늘 한강에서 **친구**를 만나기로 했다. 현진은 **최근에** 일이 **바빠져서 한동안 여유롭게** 쉬지 못했다. **마침내** 프로젝트들을 성공적으로 마쳤고, 이제 어떤 부담도 없이 **편하게** 쉬는 시간을 보낼 수 있게 되었다.

Hyunjin went to the Han River **for a picnic. The Han River** is a river that flows across Seoul. When the **weather** is nice, **people** like to spend **time** at the Han River. Hyunjin decided to meet his **friend** at the Han River today. Hyunjin has been so **busy lately** that he hasn't been able to **relax for a while. Finally**, as Hyunjin had finished some of his projects from work, now he can have some time off **comfortably** with no stress.

오랜만에 친구를 본다는 사실에 현진은 **기분이 좋아졌다**. 한강으로 가는 그의 발걸음은 가벼웠다. 상쾌한 **산들바람**이 그를 신나게 했다. 강 주변에 넓게 펼쳐진 **초록색 잔디밭**이 보였다. 잔디 사이로 작은 **꽃**들이 바람에 조금씩 **흔들렸다.** 한강은 **시원하게** 흘렀고 **하늘**만큼 푸르렀다. 물결은 **햇빛**을 반사해 **별**처럼 작게 반짝였다. 어느새 **나무**에는 **초록색** 이파리가 다 자라 있었다. 현진은 **생각했다**. '봄이구나'.

Hyunjin was **happy** to see his friend after a long time. His walk to the Han River was pleasant. The fresh **breeze** excited him. A broad **green lawn** was seen around the river. Small **flowers shivered** in the wind that cut through the grass. The river flowed **coolly** and was as blue as the **sky**, and the waves reflected the **sunlight** and twinkled like **stars**. Before he knew it, the **green** leaves had grown from the **trees**. 'It's **spring**,' he **thought**.

현진은 **약속** 장소에 예상보다 **일찍** 도착했다. 그는 한강을 따라 혼자 걷기 시작했다. 날씨가 정말 좋았기 때문에 강변은 잔디밭에 둘러앉아 **간식을** 먹는 사람들로 붐볐다. 강을 따라 길게 이어진 **자전거 도로**에는 자전거를 타는 사람들이 있었다. 그는 가까운 **카페**로 향했다. 한강에는 강의 **북쪽**과 **남쪽**을 잇는 30개의 **다리**가 있다.

Hyunjin arrived at the **appointment** site **earlier** than expected. He started walking by himself along the Han River. As the weather was nice, the river was crowded with people who sat around the lawn eating **snacks**. There also were people riding bicycles on the long **bicycle road** along the river. Hyunjin headed to a nearby **café**. The Han River has thirty **bridges** connecting the **north** and **south**.

여름이면 이 다리들 아래로 임시 **영화관**이 생겼다. **밤**이 되면 스크린이 세워지고 영화가 상영된다. 현진은 **몇 년 전에** 다리 밑 영화관에 갔던 일이 생각났다. 여름밤에 콜라를 마시며 **야외**에서 영화를 보는 즐거운 **기억**이었다. 영화관만큼 **시설**이 좋지는 않았지만, 모두가 약간의 **불편함**은 무시하는 것처럼 보였다. 카페에 도착한 현진은 **커피를 주문했다**. **향긋한** 커피를 마시면서 그는 다시 한강을 내려다보았다. 바쁘게 보냈던 지난 몇 달을 생각했다. 그는 아침에 일찍 출근해서 밤 늦게 퇴근하곤 했다.

In **summer**, there are temporary **movie theaters** under the bridges. At **night**, screens are set up and movies are played. Hyunjin remembered going to the movies under the bridge **a few years ago**. It was a pleasant **memory** of drinking Coke and watching a movie **outdoors** on a summer night. The **facilities** were not as good as the movie theater, but everyone seemed to not mind the slight **inconvenience**. Upon arriving at the café, Hyunjin **ordered coffee**. Drinking **fragrant** coffee, Hyunjin looked down at the Han River again. He thought of the busy past few months. Hyunjin used to go to work early in the morning and leave work late at night.

현진의 사무실 **창**을 통해 한강의 북쪽 끝까지 한 눈에 볼 수 있다. 그의 사무실은 남쪽 강변에서 **가장 큰 건물**이었다. 현진이 일하는 건물은 북쪽 강변에 **똑같이** 큰 건물과 마주 보고 있었다. 그는 일부러 전망이 좋은 사무실을 골랐다. 그런데도 그는 한동안 한강을 보지 못한 것만 같았다. 그래서 그는 마치 한강에 오랜만에 온 것 같다고 생각했다.

You can see the Han River to the north from Hyunjin's **office** by glancing through a **window**. His office was **the largest building** on the southern bank of the river. The building where Hyunjin worked faces an **equally** large building along the northern bank of the river. He deliberately chose an office with a good view. Nevertheless, he seemed to have not seen the river for a while. So, he felt it had been too long since he had come to the Han River

얼마 후에 현진의 친구가 **카페**에 **도착했다**. 그의 이름은 철수이다. 철수는 커피를 **주문**하고 현진의 앞에 앉았다. 둘은 어렸을 때부터 함께 자란 친구였다. 지방에 살던 철수는 전통문화에 관심이 많았고, 현진은 다음날 그와 함께 경복궁을 방문하기로 했다.

After a while, Hyunjin's friend **arrived** at the **café**. His name was Cheolsu. Cheolsu **ordered** coffee and sat in front of Hyunjin. The two had been friends since they were young. Cheolsu, who lived in the countryside, was interested in traditional culture, and Hyunjin decided to visit Gyeongbokgung Palace with him the next day.

다음날, 현진은 **지하철을** 타고 **경복궁**에 갈 계획이었다. 경복궁은 **서울**의 중심에 위치해 있으며, 500년 역사의 조선왕조를 **중심**으로 수많은 **왕**들이 살았던 곳이다. 경복궁은 서울시 종로구에 있으며, 매일 많은 **관광객**이 찾는 **유명 관광명소**다. **제 시간 안에** 도착하려면 그는 **집에서 적어도** 한 시간 전에는 출발해야 했다.

The next day, Hyunjin planned to go to **Gyeongbokgung Palace** by **subway**. The palace is placed in the center of **Seoul**, Korea. It was the power **center** of the 500-year-old Joseon Dynasty where numerous **kings** lived. It is located in Jongno-gu and is a **famous tourist attraction** visited by many **tourists** every day. To get there **on time** from his **home**, Hyunjin had to leave **at least** an hour in advance.

그는 **빠르게 샤워**를 마친 뒤 **이를 닦으면서** 옷을 입었고, **신발장**에서 신발을 꺼내면서 면도를 했다. 그는 집을 나와서 곧바로 **가까운 지하철 역**으로 내려갔다. **다행히** 지하철이 바로 도착했다. '오늘은 운이 좋구나' 그는 생각했다. **휴일**이라 지하철에 사람들이 많았다. 아이를 데리고 소풍을 나온 가족들부터 **데이트**하러 가는 **연인들**까지, 모두의 얼굴에 웃음이 가득한 주말 아침이었다. 종로구로 가기 위해 그는 **중간에** 한번 **환승을** 해야 했다.

He **quickly** took a **shower**, then got dressed as he **brushed his teeth**, and took his shoes out of a **shoe rack,** while shaving. He left home and went straight down to the **nearest subway station. Fortunately**, the train arrived right away. 'I'm lucky today,' he thought. There were many people on the subway because it was a **holiday**. It was a weekend morning full of laughter on everyone's faces, from families on a picnic with their children to **lovers** on a **date**. To go to Jongno-gu, he had to **transfer** once **in the middle** of the journey.

환승역에서 내린 현진은 빠르게 다른 노선으로 걸어갔다. 이번에도 지하철이 바로 도착했다. '오늘은 정말 운이 좋네!' 그는 **생각했다.** **머지않아** 철수가 영희**라는** **이름의** 고등학생 여동생과 함께 도착했다. 현진은 함박웃음으로 그들을 맞았다.

Hyunjin got off at the transfer station and walked quickly to another line. The train arrived right away again this time. 'What a lucky day!' he **thought. Soon,** Cheolsu arrived with his sister **named** Young-hee, a high-school student. He greeted them with a big smile.

영희는 아침 **일찍** 잠에서 깼다며, 너무 설레서 아침도 **간단히** 먹고 경복궁 **근처의 한복** 대여점을 검색해봤다고 했다.

Young-hee said she woke up **early** in the morning. She was so excited that she had a **light** breakfast and searched for a **hanbok** rental store **near** Gyeongbokgung Palace.

한복을 입고 경복궁을 걸어 다니는 것은 영희가 꼭 하고 싶었던 일 중에 하나였다. 한복 대여점들의 **대여 비용**은 다 **달랐다**. 영희는 **최소한 네** 군데의 대여점을 알아보고 가격을 **비교**해봐야 한다고 주장했다. 영희의 소원대로 그들은 대여점에 들러 한복을 맞춘 뒤, 따사로운 햇살을 받으며 경복궁 매표소로 향했다.

Walking around Gyeongbokgung Palace in hanbok (traditional Korean clothing) was one of the things she wanted to do. The **rental costs** for renting hanbok were all **different** among the shops. She insisted they should check **at least four** rental shops to **compare** the prices. As she wanted, they stopped by a rental shop, wore hanbok, and headed to the ticket office of Gyeongbokgung Palace in the warm sunshine.

요약 / Summary

현진은 오랜만에 친구 철수를 만나러 한강에 나섰다. 한동안 바쁘게 지내온 탓에 현진은 여유로운 일상이 즐겁기만 하다. 현진은 한강의 풍경이 푸른 것을 보고 봄이 왔다는 것을 느꼈고, 한강에 소풍 온 사람들을 바라봤다. 현진은 한강의 다리를 보면서 몇 년 전에 한강 다리 아래에 간이 영화관에 갔던 일을 떠올렸다. 현진은 자신이 매일 강변에서 일하면서도 한강을 보지 못했다는 것을 깨달았다. 현진은 바쁜 생활 속에서도 여유를 조금 찾아야겠다고 생각했다.

그는 친구 철수와 만나 다음날 경복궁에 가기로 약속했다. 당일에 철수의 여동생 영희가 동행했는데, 그녀의 소원대로 그들은 한복 대여점에 들러 한복을 입은 후 경복궁으로 향했다.

Hyunjin went to Han River to meet his friend Cheolsu after not seeing him for a long time. Since he had been busy for some time, Hyunjin enjoyed the leisure time very much. Seeing the green scenery of the Han River, Hyunjin felt that spring had come, and he looked at the people who came on a picnic to the Han River. Looking at the bridge on the Han River, Hyunjin recalled going to a movie theater a few years ago under the bridge. Hyunjin realized that he had not looked at the Han River even though he worked by the river every day. Hyunjin thought he should find some time for relaxation even in his busy life.

He met his friend Cheolsu and promised to go to Gyeongbokgung Palace with him the next day. On the day, Cheolsu's younger sister Young-hee accompanied them, and as she wanted, they stopped by a hanbok rental shop and got dressed in hanbok before heading to Gyeongbokgung Palace.

사용된 단어들 / Vocabulary List

- **한강**: Han River
- **날씨**: weather
- **사람들**: people
- **시간**: time
- **친구**: friend
- **최근에**: lately
- **바쁜**: busy
- **한동안**: for a while
- **여유롭게**: relax
- **마침내**: finally
- **편하게**: comfortably
- **기분이 좋은**: happy
- **시원한**: cool
- **산들바람**: breeze
- **초록색**: green
- **잔디밭**: lawn
- **꽃**: flowers
- **흔들렸다**: shivered
- **하늘**: sky
- **햇빛**: sunlight
- **별**: stars
- **나무**: tree
- **봄**: spring

- **생각했다**: thought
- **약속**: appointment
- **일찍**: early
- **간식**: snack
- **자전거**: bicycle
- **도로**: road
- **카페**: café
- **북쪽**: north
- **남쪽**: south
- **다리**: bridges
- **여름**: summer
- **영화관**: movie theater
- **밤**: night
- **몇 년 전에**: a few years ago
- **야외**: outdoor
- **기억**: memory
- **시설**: facility
- **불편함**: inconvenience
- **주문하다**: order
- **커피**: coffee
- **향긋한**: fragrant
- **사무실**: office
- **가장 큰**: the largest

- **똑같이**: equally
- **건물**: building
- **창**: window
- **도착했다**: arrived
- **경복궁**: Gyeongbokgung Palace
- **서울**: Seoul
- **중심**: center
- **왕**: king
- **유명**: famous, popular
- **관광명소**: tourist attraction
- **관광객**: tourist
- **지하철**: subway
- **집**: house, home
- **적어도**: at least
- **제 시간 안에**: on time
- **빠르게**: fast
- **샤워**: shower
- **이를 닦다**: brush teeth
- **신발장**: shoe rack
- **가까운**: near, close
- **역**: station
- **다행히**: fortunately
- **휴일**: holiday
- **데이트**: date
- **연인들**: lovers
- **중간에**: in the middle
- **환승하다, 갈아타다**: transfer
- **생각했다**: thought
- **머지않아**: soon
- **이름 짓다**: name
- **일찍**: early
- **간단한**: simple, light
- **근처에**: near
- **한복**: hanbok (traditional Korean clothes)
- **대여**: rental
- **비용**: cost
- **달랐다**: different
- **네(4)**: four
- **최소한**: at least
- **비교하다**: compare

문제 / Questions

1. 현진이 근무하는 곳은 어디 근처입니까?

   a. 한강
   b. 카페
   c. 경복궁
   d. 집

2. 현진은 친구와 지하철에서 만나기로 했다.

   a. 그렇다
   b. 아니다

3. 다음 중 경복궁 근처에서 즐길 수 있는 활동은?

   a. 심야 영화
   b. 자전거
   c. 커피
   d. 한복 대여

4. 다음 중 이야기에 대해 맞는 설명을 고르세요.

   a. 현진은 다음날 한강에서 다시 철수와 만나기로 했다
   b. 영희는 현진의 여동생이다
   c. 영희는 오빠를 따라오기 싫어서 늦잠을 잤다
   d. 경복궁에 들어가기 전에 한복을 대여했다.

5. 다음 중 철수가 가장 좋아할 것 같은 활동은?

   a. 라떼아트 수업에 참여한다.
   b. 영화관에 가서 영화를 본다.

c. 서울 역사박물관에 방문한다.

d. 강을 따라 자전거를 타거나 조깅을 한다.

정답 / Answers

1. A - Han River.

2. B - False.

3. D - Hanbok rental.

4. D - They rented hanbok before entering Gyeongbokgung Palace.

5. C - Visit the Seoul Museum of History.

CHAPTER 4

6.25 전쟁 / Korean War

안녕 위니! 호주에서의 교환학생 기간은 나에게 **잊을 수 없는** 시간이었어. 시드니의 하늘은 너무 **맑고** 아름다웠고, 나는 그곳에서 친절한 너를 만나 **즐겁게** 공부할 수 있었지. 나는 네가 동생처럼 귀엽다고 생각했지만, **생각이 깊고 똑똑해서 배울** 점이 많다고 생각했어.

네가 한국이 **분단된** 이유를 궁금해해서 오늘은 **6.25 전쟁**에 대해서 써볼까 해. 우리나라는 6.25 전쟁 이후 정말 어려운 나라였는데, 지금은 국민들이 열심히 일한 덕분에 고도로 발달한 사회에서 무척 잘 살고 있어. 그래서인지 젊은이들은 전쟁이나 그 이후 **고통**을 잘 몰라.

사실 그 전쟁이 **일어난** 건 그리 오래전 일은 아니야. 나는 친할머니와 **전쟁 박물관에** 간 적이 있었는데, 할머니께서 전쟁이 일어났던 어린 시절 당시의 얘기를 해주셨어. **갑자기** 폭탄이 **날아와서** 집을 **뚫고 들어왔대**. 할머니는 너무 **놀라서 도망쳤는데**, 옆에 있는 사람은 **폭발**로 인해 **죽었다지** 뭐야.

예전에는 큰할아버지를 모시고 친척들과 다함께 **산에** 있는 **계곡**으로 물놀이를 갔었어. 물놀이를 하는 계곡 옆에 작은 동굴이 있었는데, 동굴에는 역사 박물관에서나 주로 볼 수 있는 **무서운**

표정의 **밀랍 인형이** 있었어. 큰할아버지께서는 이 인형이 6.25 전쟁 이후 북으로 넘어가지 못한 군인들이라며, 과거에 이 산에서 **겪었던** 일을 **설명해** 주셨지.

6.25 전쟁이 끝난 이후에 **휴전선**이 생기는 바람에 북한으로 **넘어가지** 못한 **군인들**이 산 속에 **숨어 있었대.** 큰할아버지네 동네에는 **방앗간이** 있었는데, 어느 날 저녁에 군인들이 **마을로 들이닥쳐서** 큰할아버지를 포함한 마을 청년들을 잡아갔어. 마을 청년들은 **쌀을 한 가마니씩 지고** 산으로 끌려갔대. 큰할아버지는 쌀 포대가 너무 **무거워서 몰래 구멍을 뚫어 조금씩** 쌀을 **흘리며** 가셨대.

어느 날 **감시가 소홀해진** 틈을 타서 큰할아버지와 마을 청년들은 도주를 시도했어. 군인이 **뒤쫓아** 오면서 **총을 발사했고,** 그 중에 몇 명은 **총을 맞고 죽었대.** 할아버지는 **무서운** 일을 당하셨는데도 **담담하게** 말씀하셨어.

6.25 전쟁은 북한이 우리나라를 **침략하려는 욕심으로 선전포고도** 없이 기습 **공격하면서** 발발했어. 북한이 중국과 **소련에** 지원을 **요청한 문서가** 지금도 남아있지. 우리나라는 **스스로를 지킬** 수 있는 **군사력이** 없었어. 감사하게도 **유엔군이 창설된** 이래 최초로 우리나라의 6.25 전쟁에 **투입되었지.** 너무 많은 **연합군** 군인들이 우리 나라 전쟁에서 **귀한 생명을 잃었고** 피를 **흘렸어.** 처음 들어본 작은 나라에서 말이야.

나는 그들의 **죽음을** 결코 **잊지** 못할거고, 그들의 **희생으로** 우리나라가 **자유** 대한민국으로 남을 수 있다는 것에 **감사하고** 있어. 미국, 영국, 캐나다, 호주, 뉴질랜드를 **포함한** 67 개 나라에서 우리나라를 **도와줬다고** 해.

이승만은 미국에서 유학하던 젊은 시절, 미국의 주지사인 트루먼을 만났고 그가 **평범한** 인물이 아니라고 생각했어. 이승만은 그와 **좋은 관계를 맺어두었고, 놀랍게도** 그 둘은 **각각** 대한민국과 미국의 **대통령이** 되었지. 당시 이승만 대통령은 우리나라의 전쟁을 도와 **공산화를 막아야** 한다고 트루먼 대통령과 맥아더 **장군을 적극적으로 설득했어**. 마침내 그들은 **참전을 결정했어**.

우리 측 군인들은 **한 때** 북한의 북쪽 끝인 두만강까지 **진격했지만**, 다시 중국 군인들이 인해 **전술을** 사용해 엄청난 인원으로 남쪽으로 **밀고** 내려오면서, 부산만 **남고** 모든 영토를 다 **빼앗겼어**. 하지만 맥아더 장군과 그 휘하 연합군의 **인천상륙작전이 성공해** 서울을 되찾을 수 있었지.

국군과 유엔군은 압록강까지 진격했어. 그러나 북한의 요청을 받은 중국이 엄청난 수의 중국 군인들을 보내는 바람에 끝나지 않는 전쟁이 되어 버렸어. 서로 전세를 엎치락뒤치락하며 한반도 곳곳에서 전투가 벌어졌어. 그러다 전쟁을 끝내고자 하는 휴전 협상이 진행되었고, 오랜 협상 끝에 남과 북은 1953 년 7 월, 전쟁을 **중단하기로** 해. 마지막에 맞서 싸우던 전선이 **휴전선**이 되어 지금까지도 남과 북을 둘로 **나누고** 있어.

6.25 전쟁에 목숨 바친 국군과 연합군의 전사자 수가 약 17 만명에 이른대. 3 년간의 전쟁으로 군인뿐만 아니라 많은 민간인들이 죽거나 다쳤고, 또 피난과 전쟁 참전으로 가족을 **잃거나** 헤어지는 아픔을 겪었어. 위니, 네가 물어봐준 **덕분에**, 나도 이번 기회에 6.25 전쟁의 **아픔**과, 또 내가 누리고 있는 자유가 얼마나 소중한지 **되새겨**보는 시간을 가질 수 있었어.

우리가 다음에 만날 때, 6.25 전쟁 관련 다큐멘터리를 함께 시청하는 것도 좋은 생각인 것 같아. 또 연락할게. 너의 친구 에스더가.

6.25 전쟁／Korean War
with English Translation

안녕 위니! 호주에서의 교환학생 기간은 나에게 **잊을 수 없는** 시간이었어. 시드니의 하늘은 너무 **맑고** 아름다웠고, 나는 그곳에서 친절한 너를 만나 **즐겁게** 공부할 수 있었지. 나는 네가 동생처럼 귀엽다고 생각했지만, **생각이 깊고 똑똑해서 배울** 점이 많다고 생각했어.

Hi Winnie! The exchange student period in Australia was an **unforgettable** time for me. The sky in Sydney was so **clear** and beautiful, and I was able to meet you there and **enjoy** studying. I thought although you were cute like my sister, I had a lot to **learn** from you because you are **thoughtful** and **smart**.

네가 한국이 **분단된** 이유를 궁금해해서 오늘은 **6.25 전쟁**에 대해서 써볼까 해. 우리나라는 6.25 전쟁 이후 정말 어려운 나라였는데, 지금은 국민들이 열심히 일한 덕분에 고도로 발달한 사회에서 무척 잘 살고 있어. 그래서인지 젊은이들은 전쟁이나 그 이후 **고통**을 잘 몰라.

You were curious about why Korea is **divided**, so I'm going to write about the **Korean War** today. Life in my country after the Korean War was very difficult, but now we are living very well in a highly developed society thanks to the hard work of the Korean people. Maybe that's why the young people don't know much about the war or the **pain** after that.

사실 그 전쟁이 **일어난** 건 그리 오래전 일은 아니야. 나는 친할머니와 **전쟁 박물관에** 간 적이 있었는데, 할머니께서 전쟁이 일어났던 어린 시절 당시의 얘기를 해주셨어. **갑자기** 폭탄이 **날아와서** 집을 **뚫고 들어왔대**. 할머니는 너무 **놀라서 도망쳤는데**, 옆에 있는 사람은 **폭발**로 인해 **죽었다지** 뭐야.

53

Actually, it wasn't that long ago that the war **broke out**. I went to a **war museum** with my grandmother, and she told me about her childhood when it broke out. **Suddenly**, a bomb **flew** in from somewhere and **broke through** the house. She was so **surprised** that she **ran away**, and the person next to her **was killed** in the **explosion**.

예전에는 큰할아버지를 모시고 친척들과 다함께 **산에** 있는 **계곡**으로 물놀이를 갔었어. 물놀이를 하는 계곡 옆에 작은 동굴이 있었는데, 동굴에는 역사 박물관에서나 주로 볼 수 있는 **무서운 표정의 밀랍 인형이** 있었어. 큰할아버지께서는 이 인형이 6.25 전쟁 이후 북으로 넘어가지 못한 군인들이라며, 과거에 이 산에서 **겪었던** 일을 **설명해** 주셨지.

In the past, I went to a **valley** in the **mountains** with my grandfather's older brother and other relatives. There was a small cave next to the valley where we played in the water, and there was a **wax figure** with a **scary face** that you can usually see in the history museum. My grandfather's brother told me that the figure was a soldier who couldn't return to the North after the Korean War and **explained what he went going through in the mountains**.

6.25 전쟁이 끝난 이후에 **휴전선**이 생기는 바람에 북한으로 **넘어가지** 못한 **군인들**이 산 속에 **숨어 있었대**. 큰할아버지네 동네에는 **방앗간이** 있었는데, 어느 날 저녁에 군인들이 **마을로 들이닥쳐서** 큰할아버지를 포함한 마을 청년들을 잡아갔어. 마을 청년들은 **쌀을 한 가마니씩 지고** 산으로 끌려갔대. 큰할아버지는 쌀 포대가 너무 **무거워서 몰래 구멍을 뚫어 조금씩** 쌀을 **흘리며** 가셨대.

After the Korean War ended, there was **a truce line**, and **soldiers** who could not **cross over** to North Korea were **hiding** in the mountains. There was a **mill** in my grandfather's brother's town, and one evening the soldiers **rushed into** the **village** and took the youths, including him. The village youths were taken to the mountains **carrying a sack of rice**.

He said the rice bag was so **heavy** that he **secretly drilled** a **hole** and **spilled** rice **little by little**.

어느 날 **감시가 소홀해진** 틈을 타서 큰할아버지와 마을 청년들은 도주를 시도했어. 군인이 **뒤쫓아** 오면서 **총을 발사했고**, 그 중에 몇 명은 **총을 맞고 죽었대**. 할아버지는 **무서운** 일을 당하셨는데도 **담담하게** 말씀하셨어.

One day, when the **surveillance** was **neglected**, he and the village youths tried to run away. Soldiers **chased** them and **fired guns**, and some of the youths **were shot to death**. Even though he had gone through a **terrible** event, he spoke of it so **calmly**.

6.25 전쟁은 북한이 우리나라를 **침략하려는** 욕심으로 선전포고도 없이 기습 **공격하면서** 발발했어. 북한이 중국과 **소련에** 지원을 **요청한 문서가** 지금도 남아있지. 우리나라는 **스스로를 지킬** 수 있는 **군사력이** 없었어. 감사하게도 **유엔군이 창설된** 이래 최초로 우리나라의 6.25 전쟁에 **투입되었지**. 너무 많은 **연합군** 군인들이 우리 나라 전쟁에서 **귀한 생명을 잃었고** 피를 **흘렸어**. 처음 들어본 작은 나라에서 말이야.

The Korean War broke out when North Korea, who had a **desire** to **invade** my country, **attacked** South Korea without **declaring war**. There are still **documents** which show that North Korea **requested** support from China and the **Soviet Union**. Korea had no **military power** to **protect itself**. Thankfully, for the first time since the **United Nations forces** were **established,** they **were deployed**—to the Korean War. Too many **allied soldiers lost their precious lives** and **bled** for a little country they had never heard of before.

나는 그들의 **죽음**을 결코 **잊지** 못할거고, 그들의 **희생**으로 우리나라가 **자유** 대한민국으로 남을 수 있다는 것에 **감사하고** 있어.

미국, 영국, 캐나다, 호주, 뉴질랜드를 **포함한** 67 개 나라에서 우리나라를 **도와줬다고** 해.

I will never **forget** their **deaths**, and I am **grateful** that our country can remain a **free** South Korea due to their **sacrifices**. Sixty-seven countries, **including** the United States, United Kingdom, Canada, Australia, and New Zealand, **helped** my country.

이승만은 미국에서 유학하던 젊은 시절, 미국의 주지사인 트루먼을 만났고 그가 **평범한** 인물이 아니라고 생각했어. 이승만은 그와 **좋은 관계를 맺어두었고**, **놀랍게도** 그 둘은 **각각** 대한민국과 미국의 **대통령이** 되었지. 당시 이승만 대통령은 우리나라의 전쟁을 도와 **공산화를 막아야** 한다고 트루먼 대통령과 맥아더 **장군을 적극적으로 설득했어. 마침내** 그들은 **참전을 결정했어.**

When Syngman Rhee was a young man studying in the U.S., he met Harry Truman, a governor in the U.S., and thought he was no **ordinary** person. Rhee **had a good relationship with** him, and **surprisingly**, the two became **presidents** of Korea and the United States **respectively**. President Syngman Rhee **actively persuaded** President Truman and **General** MacArthur to help the nation's war and **prevent** South Korea **becoming communist. They finally decided** to **join the war.**

우리 측 군인들은 **한 때** 북한의 북쪽 끝인 두만강까지 **진격했지만**, 다시 중국 군인들이 인해 **전술을** 사용해 엄청난 인원으로 남쪽으로 **밀고** 내려오면서, 부산만 **남고** 모든 영토를 다 **빼앗겼어**. 하지만 맥아더 장군과 그 휘하 연합군의 **인천상륙작전이 성공해** 서울을 되찾을 수 있었지.

Our soldiers **once marched** as far as the Tumen River, the northern tip of North Korea, but Chinese soldiers used human wave **tactics** to **push** south with huge numbers of soldiers, and we **lost** almost all of our territory, **leaving** only Busan. However, General MacArthur and the allied forces under his command **succeeded** in the **Incheon Landing Operation**, so we were able to get Seoul back.

국군과 유엔군은 압록강까지 진격했어. 그러나 북한의 요청을 받은 중국이 엄청난 수의 중국 군인들을 보내는 바람에 끝나지 않는 전쟁이 되어 버렸어. 서로 전세를 엎치락뒤치락하며 한반도 곳곳에서 전투가 벌어졌어. 그러다 전쟁을 끝내고자 하는 휴전 협상이 진행되었고, 오랜 협상 끝에 남과 북은 1953년 7월, 전쟁을 **중단하기로** 해. 마지막에 맞서 싸우던 전선이 **휴전선**이 되어 지금까지도 남과 북을 둘로 **나누고** 있어.

The Korean and UN forces advanced to the Yalu River. However, China, which received a request from North Korea, sent a large number of Chinese soldiers, which led to an endless war. Fights broke out everywhere on the Korean Peninsula, reversing the war situation. Then there was an armistice agreement to end the war, and after a long negotiation, the South and the North decided to **suspend** the war in July 1953. The last line of the battle was **the truce line**, **dividing** the two Koreas, south and north.

6.25 전쟁에 목숨 바친 국군과 연합군의 전사자 수가 약 17만명에 이른대. 3년간의 전쟁으로 군인뿐만 아니라 많은 민간인들이 죽거나 다쳤고, 또 피난과 전쟁 참전으로 가족을 **잃거나** 헤어지는 아픔을 겪었어. 위니, 네가 물어봐준 **덕분에**, 나도 이번 기회에 6.25 전쟁의 **아픔**과, 또 내가 누리고 있는 자유가 얼마나 소중한지 **되새겨**보는 시간을 가질 수 있었어. 우리가 다음에 만날 때, 6.25 전쟁 관련 다큐멘터리를 함께 시청하는 것도 좋은 생각인 것 같아. 또 연락할게. 너의 친구 에스더가.

The number of Korean soldiers and the Allied Forces killed in the Korean War reached about 170,000. Not only soldiers but also many civilians were killed or injured in the three-year war, and they also suffered the **loss** or separation of their families due to evacuation and war participation. Winnie, **thanks to** you, I was able to take a moment to

remind me of the **pains** of the Korean War and how precious the freedom I have is. I think it's a good idea to watch the Korean War documentary together the next time we meet. I'll contact you again. Sincerely yours, Esther.

요약 / Summary

에스더는 호주 친구 위니가 분단된 한반도에 대해 물어보자 편지를 쓴다. 6.25 전쟁은 그녀의 할아버지 할머니 세대가 겪은 일로, 그리 오래되지 않았다. 6.25 전쟁은 북한이 남한을 공산화하려는 야욕을 가지고 침략하면서 발발했다. 한국은 미국과 UN 연합군의 도움으로 자유민주주의 국가로 남아있을 수 있었다. 6.25 전쟁에 목숨 바친 전사자 수가 약 17 만명에 이르고, 피난과 전쟁 참전으로 인해 많은 민간인들이 가족들과 생이별하게 되었다. 에스더는 위니의 질문 덕분에 자신도 전쟁의 아픔을 다시 되새기게 되었고 자신이 가진 자유가 얼마나 소중한 것인지 알 수 있는 계기가 되었다고 위니에게 전했다.

Esther writes a letter when her Australian friend Winnie asks about the divided Korean Peninsula. The Korean War happened not long ago, as her grandfather and grandmother's generation experienced it. The war broke out when North Korea invaded South Korea with the ambition to turn it communist. Korea was able to win the war and remain a liberal democracy with the help of the United States and the United Nations forces. About 170,000 people died in the Korean War, and many civilians were separated from their families due to evacuation and war participation. Esther told Winnie that Winnie's question reminded her of the pains of the war and gave her an opportunity to realize how precious her freedom is.

사용된 단어들 / Vocabulary List

- **잊을 수 없는**: unforgettable
- **맑은**: clear
- **~하는 걸 즐기다**: enjoy ~ing
- **배우다**: learn
- **생각이 깊은**: thoughtful
- **똑똑한**: smart
- **분단된**: divided
- **전쟁**: Korean War
- **고통**: pain
- **(전쟁이)일어나다, 발발하다**: break out
- **전쟁박물관**: war museum
- **갑자기**: suddenly
- **날아왔다**: flew
- **뚫고 들어오다**: break through
- **놀란**: surprised
- **도망치다**: ran away
- **죽임 당하다**: be killed
- **폭발**: explosion
- **계곡**: valley
- **산**: mountain
- **밀랍인형**: wax figure
- **무서운 표정**: scary face
- **설명하다**: explain
- **겪다**: go through
- **휴전선**: truce line
- **넘어가다**: cross over
- **군인들**: soldiers
- **숨다**: hide
- **방앗간**: mill
- **들이닥치다**: rushed into
- **마을**: village
- **지(고 나르)다**: carry
- **쌀 한 가마니**: a sack of rice
- **무거운**: heavy
- **몰래**: secretly
- **구멍을 뚫다**: drill a hole
- **흘리다**: spill
- **조금씩**: little by little
- **감시**: surveillance
- **소홀히하다, 태만히하다**: neglect
- **뒤쫓다**: chase
- **총을 발사하다**: fire a gun
- **총을 맞고 죽다**: be shot to death
- **무서운**: terrible

- **담담하게**: calmly
- **욕심**: desire
- **선전포고**: declaring war
- **침략하다**: invade
- **공격하다**: attacked
- **문서**: document
- **요청하다**: requested
- **소련**: Soviet Union
- **군사력**: military power
- **스스로를 지키다**: protect itself
- **유엔군**: United Nations forces
- **창설된**: established
- **(군대가) 투입되다**: be deployed
- **연합군**: allied soldiers
- **생명을 잃다**: lose one's life
- **귀한**: precious
- **피를 흘리다**: bleed
- **잊다**: forget
- **죽음**: death
- **감사하는**: grateful
- **자유**: free
- **희생**: sacrifice
- **포함하다**: include
- **도와줬다**: helped
- **평범한**: ordinary
- **~와 좋은 관계를 맺어두다**: have a good relationship with~
- **놀랍게도**: surprisingly
- **대통령**: president
- **각각**: respectively
- **장군**: general
- **적극적으로**: actively
- **설득했다**: persuaded
- **공산화**: turn communist
- **막다**: prevent
- **마침내**: finally
- **결정하다**: decide
- **참전하다**: join the war
- **진격하다**: marched
- **한 때**: once
- **전술**: tactics
- **밀다**: push
- **남기다**: leave behind
- **빼앗기다, 잃다**: lost
- **성공하다**: succeed
- **인천상륙작전**: Incheon Landing Operation
- **중단하다**: suspend

- **휴전선**: the truce line
- **나누다**: divide
- **잃다**: lose
- **덕분에**: thanks to
- **되새기다**: remind
- **아픔**: pain

문제 / Questions

1. 에스더의 할머니 이야기를 미루어보아, 6.25 전쟁은 대략 몇 년 전에 일어났습니까?

   a. 200 년 전

   b. 70 년 전

   c. 30 년 전

   d. 10 년 전

2. 다음 중 6.25 와 관련이 없는 설명은?

   a. 미국을 포함한 67 개 나라가 한국을 도왔다.

   b. 북한 지도자가 남한을 지배하고 싶어서 일방적으로 일으켰다

   c. 휴전 후 북으로 넘어가지 못한 군인들이 산에 숨어있었다.

   d. 이승만 대통령은 트루먼과 맥아더를 설득하는데 실패했다.

3. 에스더의 큰할아버지에 대한 설명으로 옳지 않은 것은?

   a. 당시에 갑자기 폭탄이 집을 뚫고 들어와서 할아버지께서는 도망쳐야 하셨다.

   b. 쌀을 짊어지고 산으로 끌려가야 하셨다.

   c. 에스더와 친척들과 함께 계곡으로 물놀이를 가셨다.

   d. 6.25 전쟁에 일어난 무서운 이야기들을 담담하게 말씀하셨다.

4. 맥아더 장군과 연합군이 펼쳐 서울을 되찾은 작전의 이름은 무엇인가?

    a. 한국상륙작전

    b. 서울상륙작전

    c. 인천상륙작전

    d. 맥아더상륙작전

5. 전쟁에 목숨 바친 국군과 연합군의 전사자 수는 대략 몇 명인가?

    a. 17 만명

    b. 15 만명

    c. 13 만명

    d. 19 만명

정답 / Answers

1. B - 70 years ago

2. D - President Syngman Rhee failed to persuade President Truman and General MacArthur.

3. A - A bomb flew in from somewhere and broke through the house, so he had to run away.

4. C - Incheon Landing Operation

5. A - 170,000

CHAPTER 5

우리 집 고양이 / My Cat

우리 가족은 어렸을 때부터 **개**는 키워 봤지만 **고양이**는 키워본 적이 없었다. 어느 날 남동생의 **차 밑**에 길고양이가 있었다. **검정, 갈색, 흰색**이 뒤섞인 **털**을 지니고 있었고 **인상**이 **날카로운 못생긴** 고양이였다. 엄마와 여동생이 **참치캔**을 주었다.

고양이는 그 이후 우리 집 뒷**마당**의 **정원**에 들어와서 살기 시작했다. 아빠와 엄마가 **처음에는 기겁**을 하셨다. 우리는 고양이를 키울 수 없다며 고양이가 스스로 정원에서 나가도록 절대로 **먹이**를 갖다 주지 말라고 하셨다.

하지만 **며칠**이 지나도 고양이는 정원을 떠나지 않았고, 결국 '원군'이라는 이름을 얻게 되었다. 우리에게 먹이를 주지 말라던 엄마는 제일 기뻐하시며 고양이 밥을 챙겨 주셨다.

고양이 키우기를 극구 **반대**했던 아빠는 마트에서 고양이 **사료를** 구매해 오셨다. 처음에 원군이는 **하악질**을 하며 우리가 만지는 것을 쉽게 **허락하지** 않았다. 하지만 시간이 지나며 원군이는 우리 가족을 **신뢰하고 따르기** 시작했다.

원군이는 우리 집에 살게 되어 고마웠는지 일명 '고양이의 **보은**'을 실천했다. 어느 날 밤, **잠을 자고** 있는데 원군이가 **끊임**

없이 울어댔다. 무슨 **심각한** 일이 있나 싶어서 불을 켜고 원군이가 있는 **유리창** 앞으로 뛰어갔다.

놀랍게도 원군이가 살아있는 작은 **쥐를** 잡아와 나에게 바친 것이다. '내가 너를 위해 친히 먹이를 잡았다. 사양하지 말고 **먹어라, 냥~**' 나는 기겁을 했지만 원군이가 상처를 받을까봐 눈을 질끈 감으며, "잘했어! 잘했어! 근데 네가 먹어." 하며 **칭찬했다.**

내가 서있는 유리창으로 쥐를 밀어 놓던 원군이는 내가 쥐를 받아주지 않자 결국 자기가 먹어버렸다. **끔찍한** 장면이었지만 한편으로 원군이가 **기특했다.** 원군이가 우리 집 정원에 살게 된 이후로 집 **근처에** 쥐가 얼씬을 못하는 것 같았다.

원군이를 키우는 게 **쉽지는** 않았다. **주방의** 창문을 열어놓았는데 이상한 **냄새가** 들어왔다. 알고보니 원군이가 주방 바로 앞 화단을 **화장실로** 사용을 하고 있었다. 엄마와 여동생은 **똥을** 치우는 **삽을** 사서 정기적으로 원군이의 똥을 주워다가 **버려야** 했다.

원군이는 그동안 제대로 먹지 못해서인지 털이 푸석했다. 그리고 **벼룩이** 있는 것 같았다. 원군이가 엄마와 나의 다리에 몸을 마음껏 **비비고** 난 후, 우리는 이상한 **피부** 발진으로 한달을 고생했다.

그 후로 우리가 원군이를 너무 많이는 만지지 않으려고 해서 원군이가 기분이 상한 것 같기도 했다. 하지만 여전히 원군이는 밥을 달라고 할 때만큼은 **애교를 부린다.**

원군이는 이제 정원에 나가면 우리를 졸래졸래 따라오는 **개냥이가** 되었다. **객관적으로는** 못생겼지만, 원군이는 우리 가족에게 너무나 귀여운 고양이다.

우리 집 고양이 / My Cat
with English Translation

우리 가족은 어렸을 때부터 **개**는 키워 봤지만 **고양이**는 키워본 적이 없었다. 어느 날 남동생의 **차 밑**에 길고양이가 있었다. **검정, 갈색, 흰색**이 뒤섞인 **털**을 지니고 있었고 **인상**이 **날카로운 못생긴** 고양이였다. 엄마와 여동생이 **참치캔**을 주었다.

My family has had a **dog** since I was young. We have never had a **cat**. One day there was a stray cat **under** my brother's **car**. It had a mixture of **black**, **brown** and **white fur** and was an **ugly** cat with a **sharp look**. Mom and my sister gave her **a can of tuna**.

고양이는 그 이후 우리 집 뒷**마당**의 **정원**에 들어와서 살기 시작했다. 아빠와 엄마가 **처음에는 기겁**을 하셨다. 우리는 고양이를 키울 수 없다며 고양이가 스스로 정원에서 나가도록 절대로 **먹이**를 갖다 주지 말라고 하셨다.

The cat then entered the **garden** in my back**yard** and began to live there. Mom and Dad **freaked out at first**. They said we couldn't raise a cat, and they told us never to bring **food** so that she would leave our garden on her own.

하지만 **며칠**이 지나도 고양이는 정원을 떠나지 않았고, 결국 '원군'이라는 이름을 얻게 되었다. 우리에게 먹이를 주지 말라던 엄마는 제일 기뻐하시며 고양이 밥을 챙겨 주셨다.

But even after **a few days**, the cat didn't leave the garden and we began calling her 'Won-gun.' Mom, who told us not to feed her, liked her the most and gave her food.

고양이 키우기를 극구 **반대**했던 아빠는 마트에서 고양이 **사료**를 구매해 오셨다. 처음에 원군이는 **하악질**을 하며 우리가 만지는 것을 쉽게 **허락하지** 않았다. 하지만 시간이 지나며 원군이는 우리 가족을 **신뢰하고 따르기** 시작했다.

My father, who was very **opposed** to having a cat, went to the supermarket and bought cat **food**. At first, Won-gun **hissed** and didn't **allow** us to touch her easily. But as time passed, Won-gun began to **trust** and **follow** my family.

원군이는 우리 집에 살게 되어 고마웠는지 일명 '고양이의 **보은**'을 실천했다. 어느 날 밤, **잠을 자고** 있는데 원군이가 **끊임 없이** 울어댔다. 무슨 **심각한** 일이 있나 싶어서 불을 켜고 원군이가 있는 **유리창** 앞으로 뛰어갔다.

Won-gun might be grateful for living in our house, so she did so-called "Cat's **Repayment**." One night, while I was **sleeping**, Won-gun cried **incessantly**. I thought something **serious** was going on, so I turned on the lights and ran to the **window** where Won-gun was.

놀랍게도 원군이가 살아있는 작은 **쥐**를 잡아와 나에게 바친 것이다. '내가 너를 위해 친히 먹이를 잡았다. 사양하지 말고 **먹어라**, 냥~' 나는 기겁을 했지만 원군이가 상처를 받을까봐 눈을 질끈 감으며, "잘했어! 잘했어! 근데 네가 먹어." 하며 **칭찬했다**.

To my surprise, she had caught a live little **mouse** and gave it to me. "I personally caught the food for you. Don't hesitate to **eat** it, meow!" I was startled, but closed my eyes and **praised** her so that her feelings would not be hurt. "Good job! Good job! But you eat it."

내가 서있는 유리창으로 쥐를 밀어 놓던 원군이는 내가 쥐를 받아주지 않자 결국 자기가 먹어버렸다. **끔찍한** 장면이었지만 한편으로 원군이가 **기특했다**. 원군이가 우리 집 정원에 살게 된 이후로 집 **근처에** 쥐가 얼씬을 못하는 것 같았다.

Having pushed the mouse toward the window where I was standing, she finally ate it, as I refused to accept it. It was a **terrible** scene, but I **was proud of** Won-gun. Since Won-gun came to live in my garden, it seemed like there were no rats **near** my house.

원군이를 키우는 게 **쉽지는** 않았다. **주방의** 창문을 열어놓았는데 이상한 **냄새가** 들어왔다. 알고보니 원군이가 주방 바로 앞 화단을 **화장실로** 사용을 하고 있었다. 엄마와 여동생은 **똥을** 치우는 **삽을** 사서 정기적으로 원군이의 똥을 주워다가 **버려야** 했다.

Raising Won-gun was not **easy**. I left the **kitchen** window open and there was a strange **smell** coming in. It turned out that the flower bed in front of the kitchen was her **toilet**. My mother and sister had to buy a **shovel** to clean Won-gun's **poop** and regularly pick it up and **throw it away**.

원군이는 그동안 제대로 먹지 못해서인지 털이 푸석했다. 그리고 **벼룩**이 있는 것 같았다. 원군이가 엄마와 나의 다리에 몸을 마음껏 **비비고** 난 후, 우리는 이상한 **피부** 발진으로 한달을 고생했다.

Won-gun's fur was dry, perhaps because she hasn't eaten properly. And it seemed that she had **fleas**. After she **rubbed** herself against our legs as much as she could, my mother and I suffered from a strange rash on our **skin** for a month.

그 후로 우리가 원군이를 너무 많이는 만지지 않으려고 해서 원군이가 기분이 상한 것 같기도 했다. 하지만 여전히 원군이는 밥을 달라고 할 때만큼은 **애교를 부린다.**

Since then, we have tried not to touch her too much, so she seems to be upset. However, Won-gun still **acts cute** when she asks for food.

원군이는 이제 정원에 나가면 우리를 졸래졸래 따라오는 **개냥이가** 되었다. **객관적으로**는 못생겼지만, 원군이는 우리 가족에게 너무나 귀여운 고양이다.

Won-gun is now **a dog-like cat** who follows us around in the garden. **Objectively**, she is ugly, but she is a cute member of my family.

요약 / Summary

참치캔을 먹은 이후, 길고양이었던 원군이가 우리 집 정원에 들어와 살기 시작했다. 아빠와 엄마는 고양이 키우기를 반대하셨지만 금새 고양이를 좋아하게 되셨다. 원군이는 은혜를 갚는다며 살아있는 생쥐를 '나'에게 바쳤다. 처음에 가족들을 경계하던 원군이는 점차 순해졌고, 가족들을 신뢰하며 따르게 되었다.

After receiving a tuna can, Won-gun, a stray cat, started living in my garden. My mom and dad were against raising a cat, but they quickly became fond of her. Won-gun gave me a living mouse to pay back our kindness. At first, Won-gun was wary of my family and hissed at us, but she gradually became gentle, following and trusting my family.

사용된 단어들 / Vocabulary List

- **개**: dog
- **고양이**: cat
- **차**: car
- **밑**: under, below
- **검정**: black
- **갈색**: brown
- **흰색**: white
- **털**: fur
- **인상**: impression, look
- **날카로운**: sharp
- **못생긴**: ugly
- **참치캔**: a can of tuna
- **마당**: yard
- **정원**: garden
- **처음에**: at first
- **기겁하다**: freak out, be shocked
- **먹이**: feed, animals' food
- **며칠**: several days
- **반대하다**: oppose
- **사료**: animals' food
- **하악질**: hissing
- **허락하다**: permit
- **신뢰하다**: trust
- **따르다**: follow
- **보은**: repayment
- **잠을 자다**: sleep
- **끊임 없이**: incessantly
- **심각한**: serious
- **유리창**: window
- **쥐**: rat, mouse
- **먹다**: eat
- **칭찬하다**: praise
- **끔찍한**: terrible
- **기특해하다**: feel proud of
- **근처에**: near, nearby
- **쉽다**: is easy
- **주방**: kitchen
- **냄새**: smell
- **화장실**: toilet, restroom
- **똥**: poop
- **삽**: shovel
- **버리다**: throw away
- **벼룩**: flea
- **비비다**: rub
- **피부**: skin
- **애교를 부리다**: act cutely
- **개냥이**: a dog-like cat
- **객관적으로**: objectively

문제 / Questions

1. 나의 가족이 오랫동안 키워본 동물은 무엇입니까?

    a. 고양이

    b. 개

    c. 금붕어

    d. 앵무새

2. 원군이의 성별은 무엇일까요? 맞는 답을 모두 고르세요.

    a. 암컷

    b. 수컷

    c. 한글 지문만 보고는 알 수 없다

3. 원군이가 '나'에게 선물한 것은?

    a. 꽃

    b. 쥐

    c. 덫

    d. 똥

4. 원군이가 애교를 부릴 때는?

    a. 항상

    b. 놀고 싶을 때

    c. 가족이 귀가할 때

    d. 밥 달라고 할 때

5. 주방에서 나는 이상한 냄새의 근원은?

    a. 원군이의 똥

b. 음식물 썩은 내

c. 방귀

d. 발 냄새

정답 / Answers

1. B - Dogs.

2. C - You cannot tell by the text in Korean alone.

3. B - A mouse.

4. D - When she wants to be fed.

5. A - Won-gun's poop.

CHAPTER 6

성균관대학교 / Sungkyunkwan University

한국의 **수도**, 서울에 방문한 **외국인들**은 아마 종로구에 들러 많은 **전통** 건물들을 구경하게 될 것입니다. 유명한 **명소**로는 경복궁, 북촌 한옥마을, 창덕궁 등이 있습니다. 종로구에 들릴 일이 있다면, 제가 소개할 성균관대학교에 **방문**해 보는 것을 추천합니다.

성균관대학교는 1398 년에 **설립**되어 세계에서는 일곱 번째, 아시아에서는 첫 번째로 오래된 **대학**입니다. 서울 성균관대의 캠퍼스 안에 조선 시대에 지어진 성균관의 건물이 있으며, 이는 **문화재**로 **보호**되고 있습니다.

종합 강의실인 명륜당과 **기숙사**인 동재, 서재 그리고 500 년이 넘는 은행나무 두 그루가 아름답게 조화를 이루고 있습니다. 조선 시대 성균관은 학생들이 **고위 공무원**이 되기 위해 **시험**을 준비하는 **국립 학교**였습니다.

학생들은 시험을 쳐서 성균관에 **입학**할 수 있었으며, 학생들을 가르치는 선생님들은 실제 고위 공무원으로 일했던 분들이었다고 합니다. **재미있는** 사실은, 식당에서 **아침밥**을 주며 **출석**을 체크했는데 1 년 365 일 중에 일정한 날 수 이상 밥을 먹지 않은 학생에게는 아예 공무원 시험을 칠 **자격**을 주지 않았다고 합니다.

공직자에게는 지적 능력뿐만 아니라 체력과 자기 관리 능력 또한 **중요하다**고 여겼음이 분명합니다. 한국 **지폐**에 **얼굴**이 실린 **인물**들은 모두 성균관과 관련이 있습니다. 천원 권에 있는 퇴계 이황은 조선 시대의 **유명한 학자**이자 **사상가**이며, 성균관대의 대 **선배**입니다. 오천원 권에 있는 율곡 이이 역시 성균관대 출신으로, 조선 시대의 **대표적인** 학자이며 **정치가**였습니다.

만원 권에 있는 세종대왕은 한글을 만든 조선 시대의 4 번째 **왕**이며, 성균관대의 초대 **이사장**이기도 합니다. 오만원 권에 있는 신사임당은 조선 시대의 **화가**이며 성균관대 대표 **학부모**입니다. 바로 율곡 이이의 어머니이거든요!

성균관 옆에는 비천당이라는 건물이 있습니다. 왕은 가끔 성균관에 들러 학생들을 **격려**하거나 직접 가르치고 학생들의 실력을 시험했습니다. 왕이 성균관을 방문할 때 묵었던 **숙소**가 바로 비천당입니다. 왕의 전용 호텔인 것이지요.

지금은 비천당에서 **다도 체험**을 할 수 있어 **한복**을 입은 유치원 어린이들이 단체 관광으로 많이 오고는 합니다. 예전에 비천당 앞의 부지는 모두 **시멘트**에 덮여 **주차장**으로 쓰였는데, 최근에 대대적인 공사를 통해 시멘트를 제거하고 흙바닥 모습을 되찾았습니다.

매끄러운 흙바닥을 **배경**으로 한 비천당은 훨씬 전통적이고 아름답게 보입니다. 여러분도 **기회**가 된다면 성균관대학교에 방문하여 **사계절** 내내 아름다운 명륜당의 풍경을 즐기시고 조선시대 **선조**들의 **학구열**도 느껴보세요!

성균관대학교 / Sungkyunkwan University
with English Translation

한국의 **수도**, 서울에 방문한 **외국인**들은 아마 종로구에 들러 많은 **전통** 건물들을 구경하게 될 것입니다. 유명한 **명소**로는 경복궁, 북촌 한옥마을, 창덕궁 등이 있습니다. 종로구에 들릴 일이 있다면, 제가 소개할 성균관대학교에 **방문**해 보는 것을 추천합니다.

Foreigners visiting Seoul, the **capital** of Korea, will probably stop by Jongno-gu to see many **traditional** buildings. Famous **attractions** include Gyeongbokgung Palace, Bukchon Hanok Village, Changdeokgung Palace, etc. If you need to stop by Jongno-gu, I recommend you **visit** Sungkyunkwan University, which I will introduce to you.

성균관대학교는 1398 년에 **설립**되어 세계에서는 일곱 번째, 아시아에서는 첫 번째로 오래된 **대학**입니다. 서울 성균관대의 캠퍼스 안에 조선 시대에 지어진 성균관의 건물이 있으며, 이는 **문화재**로 **보호**되고 있습니다.

Sungkyunkwan University **was founded** in 1398, and is the seventh oldest **university** in the world and the first in Asia. On the campus of Sungkyunkwan University in Seoul, the building of Seonggyungwan, built during the Joseon Dynasty, is **protected** as a **cultural asset**.

종합 강의실인 명륜당과 **기숙사**인 동재, 서재 그리고 500 년이 넘는 은행나무 두 그루가 아름답게 조화를 이루고 있습니다. 조선 시대 성균관은 학생들이 **고위 공무원**이 되기 위해 **시험**을 준비하는 **국립 학교**였습니다.

Myeongnyundang, a multipurpose classroom, and Dongjae and Seojae, which are **dormitories**, as well as two ginkgo trees, each over 500 years old, stand in beautiful harmony. Seonggyungwan in the Joseon Dynasty was **a public school** where students were preparing for **exams** to become **high-ranking government officials**.

학생들은 시험을 쳐서 성균관에 **입학**할 수 있었으며, 학생들을 가르치는 선생님들은 실제 고위 공무원으로 일했던 분들이었다고 합니다. **재미있는** 사실은, 식당에서 **아침밥**을 주며 **출석**을 체크했는데 1 년 365 일 중에 일정한 날 수 이상 밥을 먹지 않은 학생에게는 아예 공무원 시험을 칠 **자격**을 주지 않았다고 합니다.

Students were allowed to **enter** Sungkyunkwan by taking tests, and teachers who taught them were actually former high-ranking government officials. An **interesting** fact is, the cafeteria served **breakfast** to check **attendance**, and students who did not eat more than a certain number of meals out of 365 days a year were not **eligible** for the civil service exam at all.

공직자에게는 지적 능력뿐만 아니라 체력과 자기 관리 능력 또한 **중요하다**고 여겼음이 분명합니다. 한국 **지폐**에 **얼굴**이 실린 **인물**들은 모두 성균관과 관련이 있습니다. 천원 권에 있는 퇴계 이황은 조선 시대의 **유명한 학자**이자 **사상가**이며, 성균관대의 대 **선배**입니다. 오천원 권에 있는 율곡 이이 역시 성균관대 출신으로, 조선 시대의 **대표적인** 학자이며 **정치가**였습니다.

For a public official, they must have thought not only intelligence, but also physical and self-management skills were **important.** The **figures** whose **faces** appear on Korean **banknotes** are all related to Sungkyunkwan. Yi Hwang, who appears on the 1,000 won banknote, a **famous scholar** and **thinker** of the Joseon Dynasty, is a great **alumnus** at Sungkyunkwan University. Yulgok Yiyi, who appears on the 5,000 won banknote, a graduate of Sungkyunkwan University, was also a **prominent** scholar and **politician** during the Joseon Dynasty.

만원 권에 있는 세종대왕은 한글을 만든 조선 시대의 4 번째 **왕**이며, 성균관대의 초대 **이사장**이기도 합니다. 오만원 권에 있는 신사임당은 조선 시대의 **화가**이며 성균관대 대표 **학부모**입니다. 바로 율곡 이이의 어머니이거든요!

King Sejong, presented in 10,000 won banknote and known for creating Hangul, is the fourth **king** of the Joseon Dynasty and the first **chairman** of Sungkyunkwan University. Shin Saimdang, who appears on the 50,000 won banknote, is a Joseon Dynasty **painter** and a best-known **parent** of Sungkyunkwan University student—she is Yulgok's mother!

성균관 옆에는 비천당이라는 건물이 있습니다. 왕은 가끔 성균관에 들러 학생들을 **격려**하거나 직접 가르치고 학생들의 실력을 시험했습니다. 왕이 성균관을 방문할 때 묶었던 **숙소**가 바로 비천당입니다. 왕의 전용 호텔인 것이지요.

Next to Sungkyunkwan, there is a building called Bicheondang. The king sometimes stopped by Sungkyunkwan to **encourage** or teach the students himself and test their skills. The **accommodation** where the king stayed when he visited Sungkyunkwan was Bicheondang. It was a king-only hotel.

지금은 비천당에서 **다도 체험**을 할 수 있어 **한복**을 입은 유치원 어린이들이 단체 관광으로 많이 오고는 합니다. 예전에 비천당 앞의 부지는 모두 **시멘트**에 덮여 **주차장**으로 쓰였는데, 최근에 대대적인 공사를 통해 시멘트를 제거하고 흙바닥 모습을 되찾았습니다.

Kindergarteners in their **hanbok** often come here for group tours because they can **experience traditional tea ceremony** these days. In the past, all the sites in front of the Bicheondang were covered with **cement** and used as **parking lots**, but recently, extensive construction has removed cement and restored the appearance of the ground.

매끄러운 흙바닥을 **배경**으로 한 비천당은 훨씬 전통적이고 아름답게 보입니다. 여러분도 **기회**가 된다면 성균관대학교에 방문하여 **사계절** 내내 아름다운 명륜당의 풍경을 즐기시고 조선시대 **선조**들의 **학구열**도 느껴보세요!

With a smooth dirt floor in the **background**, Bicheondang looks much more traditional and beautiful. If you have a **chance**, visit Sungkyunkwan University to enjoy the beautiful scenery of Myeongnyundang throughout the **four seasons** and feel the **passion** of Joseon Dynasty **ancestors**!

요약 / Summary

서울 종로구에 있는 성균관 대학교는 600 년 역사를 자랑합니다. 고위 공무원이 되기 위해 열심히 공부하고 체력을 길렀던 학생들의 모습을 상상해 볼 수 있답니다. 한국 지폐에 나온 인물들이 모두 성균관과 밀접하게 관련이 되어 있다는 사실도 알아두시면 더 재미있겠죠? 기회가 된다면 아름다운 명륜당과 그 옆의 비천당을 한 번 방문해보세요!

Sungkyunkwan University in Jongno-gu, Seoul boasts 600 years of history. You can imagine students studying hard and building stamina to become high-ranking government officials. It would be more interesting to know that all the people on Korean banknotes have a close tie with Sungkyunkwan, right? Visit the beautiful Myeongnyundang and Bicheondang nearby when you have a chance!

사용된 단어들 / Vocabulary List

- **수도**: capital
- **전통**: tradition
- **외국인**: foreigner
- **명소**: attractions
- **방문**: visit
- **설립**: be founded
- **대학**: university
- **문화재**: cultural asset
- **보호하다**: protect
- **기숙사**: dormitory
- **고위 공무원**: high-ranking government official
- **국립학교**: public school
- **시험**: exam
- **자격이 있는**: eligible
- **입학하다**: enter
- **재미있는**: interesting
- **아침밥**: breakfast
- **출석**: attendance
- **중요한**: important
- **지폐**: banknote
- **얼굴**: face
- **인물**: figure

- **유명한**: famous
- **학자**: scholar
- **사상가**: thinker
- **선배**: alumnus/alumna
- **정치가**: politician
- **대표적인**: best-known
- **왕**: king
- **이사장**: chairman
- **화가**: painter
- **학부모**: parent
- **격려하다**: encourage
- **숙소**: accommodation
- **다도 체험**: experience traditional tea ceremony
- **한복**: hanbok, Korean traditional clothes
- **시멘트**: cement
- **주차장**: parking lots
- **배경**: background
- **기회**: chance
- **사계절**: four seasons
- **선조**: ancestor
- **학구열**: passion (for studying)

문제 / Questions

1. 성균관은 어디에 위치하고 있습니까?

    a. 종로구

    b. 성북구

    c. 동대문구

    d. 강북구

2. 글에서 언급되지 않은 명소는?

    a. 성균관

    b. 창경궁

    c. 경복궁

    d. 북촌 한옥마을

3. 성균관의 역사는 대략 몇 년입니까?

    a. 60
    b. 100
    c. 300
    d. 600

4. 성균관의 용도는 무엇입니까?

    a. 학교

    b. 가게

    c. 병원

    d. 유원지

5. 성균관과 관련이 없는 인물은?

    a. 율곡 이이

b. 세종대왕

c. 이순신 장군

d. 신사임당

정답 / Answers

1. A - Jongno-gu.

2. B - Changgyeonggung Palace.

3. D - 600 years.

4. A - A school.

5. C - Admiral Yi Sun-shin.

CHAPTER 7

군복무 / Military Service

대한민국의 **건강한 성인** 남성은 모두 **군대**를 의무적으로 가야 합니다. 이는 **북한**과 **전쟁**이 **아직** 끝나지 않았기 때문입니다.

이스라엘의 경우에는 여자들도 의무적으로 군복무를 해야 하지만 한국에서는 여자들을 의무적으로 **징집하지는** 않습니다. 한국인들은 이를 **자연스럽게 받아들입니다.** 여성들도 의무적으로 군대에 가게 하자는 **주장이** 한국에서는 **사회적 공감**을 얻기가 무척 **어렵습니다.**

아마도 **성 역할**에 대한 **고정 관념이** 있어서 그런 것 같기도 합니다. 하지만 군대는 **객관적으로** 보아도, **험한 일**이 많은 위험한 곳입니다. 사람들이 **사랑하는** 딸과 자매들을 **위험한** 군대에 보내는 것을 원치 않으며, 남자들만으로도 **충분하다고** 생각하는 것 같습니다.

남자들은 보통 대학 입학 후 1 년을 공부하다가 다음 학기가 시작하기 전에 **입대를** 신청합니다. 군대를 일찍 제대하고 2 **학년**부터 학업에 집중하고 **미래를** 본격적으로 **설계**하려는 것입니다. 하지만 **대학원**에 진학했거나 **개인적인** 사정이 있는 이들은 입영을 **연기**할 수 있습니다. **국방의 의무**는 대한민국 **헌법**에 기재된 국민의 주요 의무 중 하나입니다.

때문에 사회적으로 **특권**을 누리고 있거나 **영향력이 있는** 사람들이 이 당연하면서도 **기본적인** 의무를 이행하지 않을 때 시민들은 실망하며 분노합니다. 정치인이나 연예인, 사업가가 군복무를 제대로 마쳤는가, 또는 유력자의 자녀들이 편법으로 군복무를 피하지 않았는가는 한국에서 자주 이슈가 됩니다.

군복무 형태에는 육군, 공군, 해군, 해병대 등으로 다양합니다. 어차피 가야 하는 군대라면, 자신이 원하는 곳에 지원하여 가는 것이 좋을 것입니다. 몇몇 군대는 인기가 많아서 여러 경쟁과 시험을 통과해야만 입대가 가능합니다.

예를 들어 카투사의 경우 미군과 근무를 하기 때문에 높은 영어 점수가 필요합니다. 공군에 지원할 때에도 영어 점수가 필요합니다. 학사로써 장교가 되려면 필기시험과 체력 테스트 등 선발 절차가 엄격합니다.

해병대는 훈련의 강도가 높기로 유명합니다. 세간에는 '귀신 잡는 해병대'라는 말이 있을 정도입니다. 그만큼 그들은 정신력이 강하고, 두려움이 없을 정도로 용맹하다는 뜻이지요. 해병대는 다른 일반 군인들보다 고생을 많이 하는 편인데도, 합격하기 위해서 여러 번 지원을 하는 사람도 있습니다. 해병대는 많은 고생을 함께 해서인지, 전우애가 유독 끈끈합니다.

해병대는 다른 군인들과는 다르게 머리를 독특한 방식으로 깎고, 군복의 이름표도 유일하게 빨간 색입니다. 해병이 군복을 입고 거리에 나가면 낯선 아저씨가 자기도 해병대 출신이라며 다가와서 격려차 용돈을 건넸다는 일화를 자주 들어볼 수 있습니다.

우스개 소리로, 한국 여자들이 가장 듣기 싫어하는 이야기가 세 가지 있다고 합니다. 3위는 축구 이야기, 2위는 군대 이야기, 1위는 군대에서 축구한 이야기. 하지만 군대에서 축구한 이야기를 비롯해 군대의 이모저모를 듣는 것은 무척 **흥미롭**고 가치 있습니다.

모든 군인들은 누군가의 형제, 아들 혹은 **이웃**입니다. 한창 젊은 나이이지만 나라를 지키기 위해 **안락함**을 뒤로하고 열심히 훈련합니다. 군인들 덕분에 우리는 오늘 하루도 **안전**하게 살아갈 수 있는 것입니다. 힘들게 군생활을 하고 있을 장병들에게 감사하며, 모든 군인들이 안전하게 제대하기를 바랍니다.

군복무 / Military Service
with English Translation

대한민국의 **건강한 성인** 남성은 모두 **군대**를 의무적으로 가야 합니다. 이는 **북한**과 **전쟁**이 **아직** 끝나지 않았기 때문입니다.

All **healthy adult** men in South Korea are obliged to serve in the **military**. It is because the **war** with **North Korea** is not over **yet**.

이스라엘의 경우에는 여자들도 의무적으로 군복무를 해야 하지만 한국에서는 여자들을 의무적으로 **징집하지는** 않습니다. 한국인들은 이를 **자연스럽게 받아들입니다**. 여성들도 의무적으로 군대에 가게 하자는 **주장**이 한국에서는 **사회적 공감**을 얻기가 무척 **어렵습니다**.

In the case of Israel, women are also required to serve in the military, but in Korea, women are not subject to mandatory **conscription**. Koreans **accept** this order of things **naturally**. The **insistence** that women must be drafted is very **difficult** to reach a **social consensus** in Korea.

아마도 **성 역할**에 대한 **고정 관념이** 있어서 그런 것 같기도 합니다. 하지만 군대는 **객관적으로** 보아도, **험한 일**이 많은 위험한 곳입니다. 사람들이 **사랑하는** 딸과 자매들을 **위험한** 군대에 보내는 것을 원치 않으며, 남자들만으로도 **충분하다고** 생각하는 것 같습니다.

Perhaps it's because there's a **stereotype** about **gender roles**. However, the military is an **objectively** dangerous place with a lot of **rough work**. Maybe people don't want to send their **beloved** daughters and sisters to the **dangerous** military, and they seem to think that drafting men is **enough**.

남자들은 보통 대학 입학 후 1 년을 공부하다가 다음 학기가 시작하기 전에 **입대**를 신청합니다. 군대를 일찍 제대하고

2 **학년**부터 학업에 집중하고 **미래**를 본격적으로 **설계**하려는 것입니다. 하지만 **대학원**에 진학했거나 **개인적인** 사정이 있는 이들은 입영을 **연기**할 수 있습니다. **국방**의 **의무**는 대한민국 **헌법**에 기재된 국민의 주요 의무 중 하나입니다.

Men usually study for a year after entering college and then apply for **enlistment** before another semester starts. That's because they want to focus on their studies and **plan** their **future** from second **year** after finishing their military service early. However, those who go to **graduate school** or have **personal** reasons can **delay** their enlistment. The **duty** of **national defense** is one of the main duties of the Korean citizens listed in the **Constitution** of the Republic of Korea.

때문에 사회적으로 **특권**을 누리고 있거나 **영향력이 있는** 사람들이 이 당연하면서도 **기본적인** 의무를 이행하지 않을 때 시민들은 **실망**하며 **분노**합니다. **정치인**이나 **연예인**, **사업가**가 군복무를 제대로 마쳤는가, 또는 유력자의 자녀들이 편법으로 군복무를 피하지 않았는가는 한국에서 자주 이슈가 됩니다.

So when socially **privileged** or **influential** people fail to fulfill this **basic** duty, citizens are **disappointed** and **angry** at them. It has often become an issue in Korea whether **politicians**, **celebrities**, or **businesspersons** have completed their military service properly or whether the children of influential figures avoid military service through improperly.

군복무 형태에는 육군, **공군**, 해군, **해병대** 등으로 다양합니다. 어차피 가야 하는 군대라면, 자신이 원하는 곳에 **지원**하여 가는 것이 좋을 것입니다. 몇몇 군대는 인기가 많아서 여러 **경쟁**과 시험을 통과해야만 입대가 가능합니다.

There are various types of military service such as the Army, **Air Force**, Navy, and **Marine Corps**. If you have to serve in the military anyway, you'd better **apply** to where you want to be in. Some service branches are so popular that you can only be enlisted if you pass various **competitions** and exams.

예를 들어 카투사의 경우 미군과 근무를 하기 때문에 높은 **영어 점수**가 필요합니다. 공군에 지원할 때에도 영어 점수가 필요합니다. 학사로써 장교가 되려면 필기시험과 체력 테스트 등 **선발 절차**가 엄격합니다.

For example, KATUSA (Korean Augmentation to the United States Army) requires a high **English score** because they work with the U.S. military. You also need an English score to apply for the Air Force. To become a military officer, you have to go through rigorous **selection procedures** such as a written test and physical exam.

해병대는 훈련의 강도가 높기로 유명합니다. 세간에는 '**귀신** 잡는 해병대'라는 말이 있을 정도입니다. 그만큼 그들은 정신력이 강하고, 두려움이 없을 정도로 용맹하다는 뜻이지요. 해병대는 다른 일반 군인들보다 고생을 하는 많이 하는 편인데도, **합격**하기 위해서 **여러 번** 지원을 하는 사람도 있습니다. 해병대는 많은 고생을 함께 해서인지, **전우애**가 유독 끈끈합니다.

The Marine Corps is famous for its rigorous basic training. There is even a saying that "Marines Who Can Capture the **Devil**", which means that they are mentally strong and brave enough to have nothing to fear. Although the service at the Marines usually tougher than other branches, there are some who apply **several times** to **get in**. Because the Marines go through much suffering together, their **camaraderie** is especially strong.

해병대는 다른 군인들과는 다르게 **머리를 독특한** 방식으로 깎고, 군복의 **이름표**도 유일하게 빨간 색입니다. 해병이 **군복**을 입고 거리에 나가면 낯선 아저씨가 자기도 해병대 출신이라며 다가와서 격려차 **용돈**을 건넸다는 일화를 자주 들어볼 수 있습니다.

Unlike other soldiers, Marines cut their **hair** in a **unique** way, and only their **name tags** on uniforms are red. We often heard stories from marines that when one of them went out to the city in his **military**

uniform, a stranger would approach him and give him some **free money**, saying that he himself was a Marine.

우스개 소리로, 한국 여자들이 가장 듣기 **싫어하**는 이야기가 세 가지 있다고 합니다. 3 위는 **축구** 이야기, 2 위는 군대 이야기, 1 위는 군대에서 축구한 이야기. 하지만 군대에서 축구한 이야기를 비롯해 군대의 이모저모를 듣는 것은 무척 **흥미**롭고 가치 있습니다.

Here is a joke- these are Top 3 topics that Korean women **hate** to hear about: number three is the story about playing **soccer**; number two is the story about the military service; and finally, number one is playing soccer in the military. However, it is very **interesting** and useful to hear the stories of soldier's time in the military as well as their playing soccer.

모든 군인들은 누군가의 형제, 아들 혹은 **이웃**입니다. 한창 젊은 나이이지만 나라를 지키기 위해 **안락함**을 뒤로하고 열심히 훈련합니다. 군인들 덕분에 우리는 오늘 하루도 **안전**하게 살아갈 수 있는 것입니다. 힘들게 군생활을 하고 있을 장병들에게 감사하며, 모든 군인들이 안전하게 제대하기를 바랍니다.

Every soldier is someone's brother, son, or **neighbor**. Soldiers are young but trained hard to protect the country, leaving behind **comfort**. Due to them, we are able to live a **secure** life. I thank all the soldiers who are having a hard time in the military, and I hope that all soldiers will complete their service well.

요약 / Summary

대한민국 모든 건강한 성인 남성은 군대를 가야 합니다. 군복무는 모든 젊은이에게 의무이긴 하지만, 다양한 형태의 군대 중에서 자신의 흥미나 특기에 맞게 지원을 하는 것이 가능합니다. 젊은 나이에 훈련을 받는 군인들의 이야기는 가치 있는 것이며 감사 받을만한 일입니다. 모든 군인이 건강하게 복무를 마치면 좋겠습니다.

All healthy adult men in Korea must server in the military. Although serving in the military is a duty of all young men, it is possible to apply for various type of military branch according to their interests and specialties. The story of soldiers being trained at a young age is valuable and appreciated. I hope all soldiers complete their service well.

사용된 단어들 / Vocabulary List

- **건강한**: healthy
- **성인**: adult
- **군대**: military
- **북한**: North Korea
- **전쟁**: war
- **아직**: yet
- **학년**: grade
- **이스라엘의 경우에는**: In the case of Israel
- **(군대에) 징집하다**: conscript
- **자연스럽게**: naturally
- **받아들이다**: accept
- **주장**: insistence
- **사회적 공감**: social consensus
- **어려운**: difficult
- **성 역할**: gender role
- **고정관념**: stereotype
- **객관적으로**: objectively
- **험한 일**: rough work
- **사랑하는**: beloved
- **위험한**: dangerous
- **충분한**: enough
- **입대**: enlistment

- **미래**: future
- **설계**: design
- **대학원**: graduate school
- **개인적인**: personal
- **연기하다**: delay
- **국방**: national defense
- **의무**: duty
- **헌법**: Constitution
- **특권**: privileged
- **영향력 있는**: influential
- **기본적인**: basic
- **실망한**: disappointed
- **분노한**: angry
- **정치인**: politician
- **연예인**: celebrity
- **사업가**: businessperson
- **공군**: Air Force
- **해병대**: Marine Corps
- **지원하다**: apply
- **경쟁**: competitions
- **영어**: English
- **점수**: score
- **선발절차**: selection

procedures

- **귀신**: devil
- **합격**: pass
- **여러 번**: several times
- **전우애**: comraderie
- **머리**: hair
- **독특한**: unique
- **이름표**: name tags
- **군복**: military uniform

- **용돈**: free money
- **싫어하다**: dislike
- **축구**: soccer
- **흥미로운**: interesting
- **이웃**: neighbor
- **안락함**: comfort
- **안전한**: secure

문제 / Questions

1. 대한민국에서 군대를 가는 것이 의무인 이유를 모두 고르면?

    a. 북한과 휴전중이라서

    b. 남자들이 튼튼해지라고

    c. 대학원 진학에 필수적이어서

    d. 헌법에 명시되어 있어서

2. 대학생들은 주로 언제 군입대 하기를 원합니까?

    a. 1 학년 마치고

    b. 2 학년 마치고

    c. 3 학년 마치고

    d. 졸업 후

3. 다음 중 군복무를 하지 않아도 되는 사람은?

    a. 남성 사업가

    b. 남성 정치인

    c. 세계적인 남성 연예인

    d. 여대생

4. 다음 중 언급되지 않은 군복무의 형태는?

    a. 육군

    b. 특공대

    c. 공군

    d. 해군

5. 해병대의 특징으로 언급되지 않은 것은?

a. 귀신 잡는다는 말이 있다

b. 이름표가 빨간색이다

c. 다른 군인보다 월급이 높다

d. 머리를 특이하게 깎는다

정답 / Answers

1. A - Being in a truce with North Korea, D - It is stated in the Constitution.

2. A - After finishing the first year in the university.

3. D - A college girl.

4. B - Special Forces.

5. C - They get a higher salary than other soldiers.

CHAPTER 8

수강신청 / Application for Classes

한국의 대학생들은 매 **학기**, 또는 매 학년 초에 **수강 신청**을 합니다. 정원이 **한정**되어 있기 때문에 인기 있는 강좌를 차지하기 위한 **경쟁**이 **치열**합니다. **물론** 대학별, **학과**별로 차이는 있습니다.

어떤 학과는 학생 수가 많지 않고 개설되는 **과목이** 몇 개 되지 않습니다. 학생들은 **교육 과정**을 따라 그 해당 학기에 개설되는 과목을 **신청할** 수 밖에 없습니다. 특별히 **경쟁**을 하지 않아도 수강 신청에 큰 **어려움**이 없습니다.

그렇지 않은 경우, 원하는 강의를 시간표에 넣기 위해서는 **만반의** 준비를 갖춰야 하지요. 시간표를 **성공적으로** 짜기 위해 **필요**한 준비를 알아봅시다.

먼저 **빠른** 인터넷 **속도**와 **고사양** 컴퓨터가 준비되어 있는 **PC 방**으로 향합니다. 동시 접속자가 워낙 많아서 접속이 잘 안 되거나 속도가 느려지고, 로딩이 길어지는 경우가 생기기 때문에 집에 있는 컴퓨터보다는 PC 방 컴퓨터가 **낫습니다**.

인터넷 쇼핑을 하듯 내가 원하는 강의들을 **미리** 담아둔 리스트를 엽니다. 인터넷 포털 사이트 중에 하나에 들어갑니다. **실시간으로 정확하게** 초 단위까지 확인할 수 있는 **시계** 위젯을 켭니다.

3,2,1... 카운트 다운을 마친 직후 빛의 속도로 마우스를 클릭합니다. **요령**이 있다면 엔터 키와 마우스를 번갈아 사용해 봅니다. 중요 **수업**들의 수강 신청을 마치기 까지는 **3 분**이 채 안 걸립니다.

원하는 과목을 모두 다 넣은 경우 '클리어했다'고 표현합니다. 1,2 과목만 **성공**했더라도 그것이 아주 **인기가 많은** 강좌라면, 수강 신청에 성공했다고 봅니다.

원하는 과목을 많이 얻지 못한 경우, 남들이 버리는 강의들을 주워서 본인의 **시간표**를 채워야 한다는 의미로 '주워야 한다'는 대학생 **은어**가 있습니다.

외국인 학생 사이에서는 이 경쟁이 치열하지 않지만, **중국어**로 진행되는 몇몇 강의들은 **등록**이 무척 어렵습니다. 학생들은 우여곡절 끝에 만든 시간표를 웹 상에서 **자랑**하거나 **공유**합니다.

몇몇 **특이한** 시간표에 웃음이 나기도 합니다. 한 학생은 **'쌍둥이 빌딩'** 시간표를 공개합니다. 화요일과 목요일에 점심이나 저녁을 먹을 시간도 없이 수업이 빼곡히 짜여 있습니다.

이런 학생은 대학을 주 2 일밖에 안 나오니 남는 요일에 **아르바이트**를 할 수 있지만, 시험 기간에는 쉬지 않고 **연달아** 시험을 쳐야 해서 무척 **지치게** 됩니다.

또 다른 학생은 '우주 공강' 시간표를 선보입니다. 오전 9 시 강의 이후에 다른 강의가 없다가 오후 4 시에 강의가 있는 식입니다. 다음 강의가 **시작**하기까지 기다리는 시간이 정말 길기 때문에 우주 공강이라고 합니다. 이 시간을 허투로 보내지 않기 위해 미리 과제를 하거나 **자기 계발**을 위한 활동 등의 **계획**이 필요합니다.

수강신청 / Application for Classes
with English Translation

한국의 대학생들은 매 **학기**, 또는 매 학년 초에 **수강 신청**을 합니다. 정원이 **한정**되어 있기 때문에 인기 있는 강좌를 차지하기 위한 **경쟁**이 **치열**합니다. **물론** 대학별, **학과**별로 차이는 있습니다.

Korean university students **apply for classes** at the beginning of every **semester** or every year. The **competition** for popular courses is **fierce** because there are only a **limited** number of classes. **Of course**, situations can differ among universities and **departments**.

어떤 학과는 학생 수가 많지 않고 개설되는 **과목이** 몇 개 되지 않습니다. 학생들은 **교육 과정**을 따라 그 해당 학기에 개설되는 과목을 **신청할** 수 밖에 없습니다. 특별히 **경쟁**을 하지 않아도 수강 신청에 큰 **어려움**이 없습니다.

Some departments do not have a large number of students and there are only a few **courses** available for students to take. Students are forced to **sign up for** the course that opens in the very semester according to the **curriculum**. There is not much **difficulty** in applying for classes without any particular **competition**.

그렇지 않은 경우, 원하는 강의를 시간표에 넣기 위해서는 **만반의** 준비를 갖춰야 하지요. 시간표를 **성공적으로** 짜기 위해 **필요**한 준비를 알아봅시다.

Otherwise, you have to be **fully** prepared to schedule the lectures you want. Let's find out what you **need** in order to schedule **successfully**.

먼저 **빠른** 인터넷 **속도**와 **고사양** 컴퓨터가 준비되어 있는 **PC 방**으로 향합니다. 동시 접속자가 워낙 많아서 접속이 잘 안 되거나 속도가 느려지고, 로딩이 길어지는 경우가 생기기 때문에 집에 있는 컴퓨터보다는 PC 방 컴퓨터가 **낫습니다**.

First, head to the **Internet Café** where you have **fast** internet **speed** and **high-end** computers. The computer in the Internet Café is **better** than one in your home because there are so many simultaneous connections that it is difficult to connect well and it usually slows down or takes longer to load.

인터넷 쇼핑을 하듯 내가 원하는 강의들을 **미리** 담아둔 리스트를 엽니다. 인터넷 포털 사이트 중에 하나에 들어갑니다. **실시간으로 정확하게** 초 단위까지 확인할 수 있는 **시계** 위젯을 켭니다.

Open a list of lectures you chose **in advance** like you do when shopping online. Go to one of the Internet portal sites. Turn on a **clock** widget, which allows you to **accurately** check seconds **in real time**.

3,2,1… 카운트 다운을 마친 직후 빛의 속도로 마우스를 클릭합니다. **요령**이 있다면 엔터 키와 마우스를 번갈아 사용해 봅니다. 중요 **수업**들의 수강 신청을 마치기 까지는 **3 분**이 채 안 걸립니다.

3,2,1… Click the mouse as fast as you can right after you complete the countdown. If you have a **knack**, try using the Enter key and the mouse alternately. It takes less than **three minutes** to complete the application for important **courses**.

원하는 과목을 모두 다 넣은 경우 '클리어했다'고 표현합니다. 1,2 과목만 **성공**했더라도 그것이 아주 **인기가 많은** 강좌라면, 수강 신청에 성공했다고 봅니다.

If you get all the courses you wanted, we say 'you have cleared it', which is slang. If you **succeeded** in getting only one or two courses but they are very **popular**, you were still successful in scheduling.

원하는 과목을 많이 얻지 못한 경우, 남들이 버리는 강의들을 주워서 본인의 **시간표**를 채워야 한다는 의미로 '주워야 한다'는 대학생 **은어**가 있습니다.

If you don't get a lot of the courses you wanted, there's a college student **slang**, "I have to pick up the crumbs", which means you have to fill in your **timetable** with courses others threw away.

외국인 학생 사이에서는 이 경쟁이 치열하지 않지만, **중국어**로 진행되는 몇몇 강의들은 **등록**이 무척 어렵습니다. 학생들은 우여곡절 끝에 만든 시간표를 웹 상에서 **자랑**하거나 **공유**합니다.

While this competition is not fierce among foreign students, some courses taught in **Chinese** are very hard to **enroll**. Students **show off** or **share** their timetables on the Web after many twists and turns.

몇몇 **특이한** 시간표에 웃음이 나기도 합니다. 한 학생은 '**쌍둥이** 빌딩' 시간표를 공개합니다. 화요일과 목요일에 점심이나 저녁을 먹을 시간도 없이 수업이 빼곡히 짜여 있습니다.

Some **unusual** timetables would make you laugh. One student reveals a '**twin** towers' timetable; classes are very organized in two rows without any break for lunch or dinner on Tuesday and Thursday.

이런 학생은 대학을 주 2 일밖에 안 나오니 남는 요일에 **아르바이트**를 할 수 있지만, 시험 기간에는 쉬지 않고 **연달아** 시험을 쳐야 해서 무척 **지치게** 됩니다.

Since this student only comes to university two days a week, he can work **part-time** on the remaining days he has left, but he will become **exhausted** during the exam period because he has to take a series of exams **consecutively** without a break.

또 다른 학생은 '**우주** 공강' 시간표를 선보입니다. 오전 9 시 강의 이후에 다른 강의가 없다가 오후 4 시에 강의가 있는 식입니다. 다음 강의가 **시작**하기까지 기다리는 시간이 정말 길기 때문에 우주

공강이라고 합니다. 이 시간을 허투로 보내지 않기 위해 미리 과제를 하거나 **자기 계발**을 위한 활동 등의 **계획**이 필요합니다.

Another student presents a '**outer space**-like' timetable; after attending a lecture at 9 a.m., there is no other lecture until 4 p.m. It is described as 'space-like' because it takes a really long time to wait for another lecture to **start**. You need to **plan** in advance to do your homework or activities for **self-improvement**, so that you don't waste this time.

요약 / Summary

한국의 많은 대학생들이 학기 초가 되면 시간표를 짭니다. 인터넷 상에서 빠르게 클릭하여 원하는 과목을 시간표에 넣기 위한 노력을 하지만 늘 마음대로 되는 것은 아닙니다. 짧은 시간 시간표를 성공적으로 짜기 위한 클릭 경쟁은 스릴이 넘칩니다. 학생들마다 각자 다양한 기호와 사정이 있어 시간표를 짜는 만큼, 독특한 모양의 시간표가 나오기도 합니다. 모두 나름대로 알찬 한 학기, 또는 일년을 보내기 위한 노력의 일환이랍니다.

Many college students in Korea make a class timetable at the beginning of the semester. They try to quickly click on the Internet when registration opens to put their wanted courses on the timetable, but it doesn't always succeed. "Click competition" to successfully schedule in a short time period is thrilling. Each student has a variety of preferences and reasons, so they each come up with a unique timetable. It's all part of the effort to spend a good semester or a year.

사용된 단어들 / Vocabulary List

- **학기**: semester
- **수강신청하다-**: apply for classes
- **한정**: limited
- **경쟁**: competition
- **치열**: fierce
- **물론**: of course
- **학과**: department
- **교육과정, 커리큘럼**: curriculum
- **과목, 수업**: course
- **어려움**: difficulty
- **경쟁**: competition
- **신청하다**: sign up for
- **만반의**: fully
- **필요하다**: need
- **성공적으로**: successfully
- **빠른**: fast
- **속도**: speed
- **고사양**: high-end
- **PC 방**: Internet Café
- **낫다**: is better
- **미리**: in advance
- **실시간으로**: in real time
- **시계**: clock
- **정확하게**: accurately
- **요령**: knack
- **수업**: course
- **3 분**: three minutes
- **성공하다**: succeed
- **인기가 많은**: popular
- **시간표**: timetable
- **은어**: slang
- **중국어**: Chinese
- **등록**: enroll
- **자랑하다**: show off
- **공유하다**: share
- **특이한**: unusual
- **쌍둥이**: twin
- **아르바이트**: part-time job
- **연달아**: consecutively
- **지친**: exhausted
- **우주**: outer space

- **시작하다**: start
- **계획(하다)**: plan
- **자기계발**: self-improvement

문제 / Questions

1. 다음 중 맞는 답을 고르시오.

   a. 모든 학과에서 수강신청 경쟁이 치열하다. [T/F]

   b. 우주공강 시간표의 뜻은 배울 것이 우주처럼 끝이 없다는 뜻이다. [T/F]

2. 수강신청을 하기 위한 준비로 언급되지 않은 것은?

   a. PC 방에 간다.

   b. 동일아이디로 컴퓨터 2 개에 동시접속 한다.

   c. 정확한 시계를 켠다.

   d. 골라둔 강의 리스트를 연다.

3. '클리어했다'는 말의 의미는?

   a. 시간표가 아주 깔끔하다

   b. 원하는 과목을 하나도 못 넣었다

   c. 원하는 과목을 다 넣었다

   d. 시간표를 공유했다

4. 본문에 근거해 다음 중 외국인 대학생들 사이에 수강신청 경쟁이 심할 것 같은 강의를 추론하세요.

   a. 문화체험 활동을 포함하는 한국학 강의

   b. 학점을 잘 주시는 교수님의 강의

   c. 외국인 학생만 들을 수 있는 교양 강의

   d. 중국어로 진행되는 경영학 전공 강의

5. '쌍둥이 빌딩' 시간표의 단점으로 언급된 것은?

    a.   시험기간에 힘들다

    b.   대학을 주 2 일만 나온다

    c.   아르바이트를 하기 편하다

    d.   공강시간이 길다

정답 / Answers

1. False, False

2. B - Connect to two computers simultaneously with the same ID.

3. C - I got all the courses I wanted.

4. D - A course on business administration in Chinese.

5. A - You can feel burdened during the exam period.

CHAPTER 9

떡볶이 / Tteokbokki

떡볶이는 한국 **분식**계의 대표 음식으로, **가래떡과** 부재료를 양념에 **끓여서** 만듭니다. 만들 때 다양한 소스를 사용할 수 있지만, **고추장을** 양념으로 사용해 만든 빨간 떡볶이가 **가장 흔한** 종류입니다.

떡볶이는 **순대**, **튀김**, **라면**, **김밥** 등과 더불어 한국의 유명한 길거리 음식 중의 하나입니다. 떡볶이의 이름에는 '볶는다'는 단어가 들어있지만 실제로는 물이나 육수를 **졸여서** 만듭니다.

한국인들은 **학창 시절부터** 떡볶이에 **익숙했습니다.** 그 맛은 **맵고 자극적이며, 탄수화물이** 많아서 그런지 먹고 나서 **든든한** 느낌을 받는 것 같습니다.

20 대 여성들에게 떡볶이는 **삶의 애환**이 담긴 음식입니다. 한 대학 **잡지**의 2018 년 **조사**에 따르면 여성 **응답자**의 21.3%가 **스트레스를 받을** 때 떡볶이를 **찾는다**고 답하기도 했습니다.

떡볶이를 판매하는 곳이 얼마나 많은지 대학로 일대를 **예로** 살펴봅시다. 값이 **비싼 상가 건물**에 '깻잎 떡볶이'가 들어와 있습니다. 혜화역 1 번, 4 번 **출구** 근처로 떡볶이를 파는 **포장마차가** 줄지어 있습니다.

퇴근을 하고 집에 들어가는 직장인들이 떡볶이를 **포장**해 들고 귀가합니다. **과일** 떡볶이, 중독성이 강한 맛 때문에 독특한 이름이 붙은 '**마약** 떡볶이' 등, 포장마차 **현수막**에 각각의 **특징**이 적혀 있습니다.

좀 더 나아가서 성신여대 근처에는 떡볶이 **뷔페**가 있습니다. 떡이나 **어묵**, 야채, **라면사리**, 소시지 등 자신이 원하는 대로 넣어서 떡볶이를 **요리**할 수 있습니다.

마찬가지로, 안국동 근처에도 떡볶이를 원하는 재료로 **끓여** 먹고, 떡볶이를 다 먹은 후에는 남은 소스에 **김**과 계란을 넣어 밥을 볶아 먹는 음식점이 있습니다. **김밥**을 파는 많은 음식점에서 떡볶이를 맛볼 수 있으며, **돈까스**와 떡볶이를 세트로 제공하는 곳도 있습니다.

어떤 이탈리안 **음식점**에서는 까르보나라 떡볶이를 메뉴에 **포함시킵니다.** 초등학교 **앞에** 있는 많은 분식점에서도 컵떡볶이를 **팔고** 있습니다. **학원**에서는 **한 달에 한 번** 하는 파티에서 학생들에게 떡볶이를 주기도 합니다.

매운 음식을 잘 먹지 못하는 아이들의 경우에는 **고추장** 대신에 짜장가루를 넣어 만든 짜장떡볶이를 만들어 주면 아주 좋아합니다. 떡볶이는 이렇게 평소에 자주 먹을 수 있고, 만드는 재료비도 많이 들지 않습니다.

그럼에도, 뷔페에 가서까지 떡볶이를 꼭 먹어봐야 하는 사람이 있을 정도로 떡볶이는 인기가 많은 음식입니다. 뷔페에서는 비싸고 **고급스러운** 음식으로 **배**를 채우는 게 **바람직해** 보이는 데도 말이죠!

떡볶이와 함께 먹을 수 있는 음식으로는 순대, **군만두**, 오뎅탕 등이 있습니다. 최근에는 **삼겹살**을 떡볶이에 넣는 음식점도 생기는 등,

떡볶이와 함께 먹을 수 있는 음식의 **경계선**이 거의 없습니다.

아주 **간편**하면서도 맛있는 떡볶이를 만들어봅시다. 이 요리법은 요식업 사업가이자 요리 연구가인 박 선생님이 알려주셨습니다. 박 선생님은 한국의 텔레비전과 온갖 요리 블로그, 요리 유튜브에 귀감을 주고 있습니다. 그는 **주부**들과 자취생에게 쉽고 **맛있는** 요리를 만드는 팁을 알려주기로 유명합니다.

설탕주부라는 **별명**도 가지고 있는 만큼, 그의 요리에서는 **설탕**의 **맛**이 반을 **차지합니다**. 그다지 건강에 좋지는 않지만, 맛은 **보장**이 되어 있는 요리법을 지금 한번 알아봅시다! 재료는 **일회용** 종이컵으로 **계량합니다**.

가래떡 2 컵, 물 2 컵, **간장** 2 큰술,

설탕 4 큰술(많이 달아서 2 큰술도 충분), **대파** 1/2 컵,

굵은 고춧가루 1 큰술, 고운 고춧가루 0.5 큰술

위의 재료를 한꺼번에 후라이팬에 넣고 소스가 걸쭉해질 때까지 끓이면 됩니다. 박 선생님이 말하시기를, 양파와 마늘을 떡볶이에 넣으면 맛이 없어진다고 하네요. 맵지만 맛있는 떡볶이, 시간이 날 때 한번 만들어 먹어 보시면 어떨까요?

떡볶이 / Tteokbokki
with English Translation

떡볶이는 한국 **분식**계의 대표 음식으로, **가래떡과** 부재료를 양념에 **끓여서** 만듭니다. 만들 때 다양한 소스를 사용할 수 있지만, **고추장을** 양념으로 사용해 만든 빨간 떡볶이가 **가장 흔한** 종류입니다.

Tteokbokki is the best-known **street food** in Korea, and we make it by **boiling sticks of rounded rice cake** and ingredients in a special sauce. You can use a variety of sauces when you make it, but red *tteokbokki* made with **red pepper paste** as a seasoning is **the most common** kind.

떡볶이는 **순대**, **튀김**, **라면**, **김밥** 등과 더불어 한국의 유명한 길거리 음식 중의 하나입니다. 떡볶이의 이름에는 '볶는다'는 단어가 들어있지만 실제로는 물이나 육수를 **졸여서** 만듭니다.

Tteokbokki is one of the famous street foods along with *sundae*, **fried food**, **ramen**, and *gimbap*. The name of *tteokbokki* contains the word 'bbokki', which means 'frying' but in reality, it is made by **boiling** the water or broth **down**.

한국인들은 **학창 시절부터** 떡볶이에 **익숙했습니다**. 그 맛은 **맵고 자극적이며**, **탄수화물이** 많아서 그런지 먹고 나서 **든든한** 느낌을 받는 것 같습니다.

Koreans have been **familiar** with *tteokbokki* since their **school days**. It tastes **spicy and strong**, and many might feel **filling** after they eat it. Maybe it's because it has a lot of **carbohydrates**.

20 대 여성들에게 떡볶이는 **삶의 애환**이 담긴 음식입니다. 한 대학 **잡지**의 2018 년 **조사**에 따르면 여성 **응답자**의 21.3%가 **스트레스를** **받을** 때 떡볶이를 **찾는다**고 답하기도 했습니다.

For women in their 20s, *tteokbokki* is a food filled with **the joy and**

sorrow of life. According to a 2018 **survey** by a university **magazine**, 21.3 percent of female **respondents** said they **look for** *tteokbokki* when they **are stressed**.

떡볶이를 판매하는 곳이 얼마나 많은지 대학로 일대를 **예로** 살펴봅시다. 값이 **비싼 상가 건물**에 '깻잎 떡볶이'가 들어와 있습니다. 혜화역 1번, 4번 **출구** 근처로 떡볶이를 파는 **포장마차가** 줄지어 있습니다.

Let's take an **example** of how many places sell *tteokbokki* around Daehangno. An **expensive commercial building** has 'Sesame Leaf *Tteokbokki*' in it. There is a row of *tteokbokki* **stall**s near Hyehwa Subway Station **exit** 1 and exit 4.

퇴근을 하고 집에 들어가는 직장인들이 떡볶이를 **포장**해 들고 귀가합니다. **과일** 떡볶이, 중독성이 강한 맛 때문에 독특한 이름이 붙은 '**마약** 떡볶이' 등, 포장마차 **현수막**에 각각의 **특징**이 적혀 있습니다.

Workers who go home after work **pack** take-out *tteokbokki* and bring it home. Each of the **characteristics** is written on the **banner** of the cart, such as **fruit** *tteokbokki* and "**drug**" *tteokbokki*, which gains this unique name because of its highly addictive taste.

좀 더 나아가서 성신여대 근처에는 떡볶이 **뷔페**가 있습니다. 떡이나 **어묵**, 야채, **라면사리**, 소시지 등 자신이 원하는 대로 넣어서 떡볶이를 **요리**할 수 있습니다.

Going further, there is a *tteokbokki* **buffet** near Sungshin Women's University. You can add rice cakes, **fish cakes**, vegetables, **ramen noodles**, and sausages, as much as you want, and **cook** your own *tteokbokki*.

마찬가지로, 안국동 근처에도 떡볶이를 원하는 재료로 **끓여** 먹고,

떡볶이를 다 먹은 후에는 남은 소스에 **김**과 계란을 넣어 밥을 볶아 먹는 음식점이 있습니다. **김밥**을 파는 많은 음식점에서 떡볶이를 맛볼 수 있으며, **돈까스**와 떡볶이를 세트로 제공하는 곳도 있습니다.

Likewise, near Angukdong, there is a restaurant where you can **boil** *tteokbokki* with the ingredients you want, and after you finish the dish, you can fry rice with **dried seaweed** and eggs in the remaining soup. You can taste *tteokbokki* at many *gimbap* restaurants, and some of them serve **pork cutlet** and *tteokbokki* as a combo menu.

어떤 이탈리안 **음식점**에서는 까르보나라 떡볶이를 메뉴에 **포함시킵니다.** 초등학교 **앞에** 있는 많은 분식점에서도 컵떡볶이를 **팔고** 있습니다. **학원**에서는 **한 달에 한 번** 하는 파티에서 학생들에게 떡볶이를 주기도 합니다.

Some Italian **restaurants include** carbonara *tteokbokki* in their menu. Many snack stands **in front of** elementary schools **sell** cup *tteokbokki*. **Private educational institutes** sometimes give *tteokbokki* to students at parties they have **once a month**.

매운 음식을 잘 먹지 못하는 아이들의 경우에는 **고추장** 대신에 짜장가루를 넣어 만든 짜장떡볶이를 만들어 주면 아주 좋아합니다. 떡볶이는 이렇게 평소에 자주 먹을 수 있고, 만드는 재료비도 많이 들지 않습니다.

For children who can't eat **spicy** food well, they love to eat black bean paste *tteokbokki* made with black bean powder instead of **red pepper paste**. You can eat *tteokbokki* often like this, and it costs only a little bit to make.

그럼에도, 뷔페에 가서까지 떡볶이를 꼭 먹어봐야 하는 사람이 있을 정도로 떡볶이는 인기가 많은 음식입니다. 뷔페에서는 비싸고 **고급스러운** 음식으로 **배**를 채우는 게 **바람직해** 보이는 데도 말이죠!

Nevertheless, *tteokbokki* is so popular that even when you go to a buffet, there are people who must try it even though it seems **desirable** to fill your **stomach** with expensive and **luxurious** food at a buffet.

떡볶이와 함께 먹을 수 있는 음식으로는 순대, **군만두**, 오뎅탕 등이 있습니다. 최근에는 **삼겹살**을 떡볶이에 넣는 음식점도 생기는 등, 떡볶이와 함께 먹을 수 있는 음식의 **경계선**이 거의 없습니다.

Among the foods you can eat with *tteokbokki* are *sundae*, **fried dumplings**, and fish cake soup. Recently, there are new restaurants putting **pork belly** into *tteokbokki*, so there are few **boundaries** around what you can eat with it.

아주 **간편**하면서도 맛있는 떡볶이를 만들어봅시다. 이 요리법은 요식업 사업가이자 요리 연구가인 박 선생님이 알려주셨습니다. 박 선생님은 한국의 텔레비전과 온갖 요리 블로그, 요리 유튜브에 귀감을 주고 있습니다. 그는 **주부**들과 자취생에게 쉽고 **맛있는** 요리를 만드는 팁을 알려주기로 유명합니다.

Let's make *tteokbokki*, which is very **simple** and delicious. The following recipe was provided by Mr. Park, a restaurant businessman and culinary researcher, who is a model for Korean cooking TV programs, all kinds of cooking blogs and cooking on YouTube. He is popular because he offers tips on how to make easy and **delicious** dishes to **homemakers** and students who live alone.

설탕주부라는 **별명**도 가지고 있는 만큼, 그의 요리에서는 **설탕**의 **맛**이 반을 **차지합니다**. 그다지 건강에 좋지는 않지만, 맛은 **보장**이 되어 있는 요리법을 지금 한번 알아봅시다! 재료는 **일회용** 종이컵으로 **계량합니다**.

As he has the **nickname** Sugar Homemaker, the **taste** of **sugar takes up** half of his recipe. Let's find out now how to make *tteokbokki* which is not that good for your health but **guaranteed** to taste good! **Measure** the amount of ingredients with a **disposable** paper cup.

가래떡 2 컵, 물 2 컵, **간장** 2 큰술,

2 cups sticks of rounded rice cake, 2 cups water, 2 tablespoons **soy sauce**,

설탕 4 큰술(많이 달아서 2 큰술도 충분), **대파** 1/2 컵,

4 tablespoons sugar (it can be too sweet, 2 tablespoons are still enough), 1/2 cup **green onion**

굵은 고춧가루 1 큰술, 고운 고춧가루 0.5 큰술

1 tablespoon **coarse** pepper powder, 0.5 tablespoon fine red pepper powder

위의 재료를 한꺼번에 후라이팬에 넣고 소스가 걸쭉해질 때까지 끓이면 됩니다. 박 선생님이 말하시기를, 양파와 마늘을 떡볶이에 넣으면 맛이 없어진다고 하네요. 맵지만 맛있는 떡볶이, 시간이 날 때 한번 만들어 먹어 보시면 어떨까요?

Put all the ingredients above in a frying pan and boil them until the sauce gets thick. Mr. Park said that putting onions and garlic in *tteokbokki* will make it less delicious. Spicy but delicious *tteokbokki*- why don't you try it when you have time?

요약 / Summary

떡볶이는 한국의 대표 분식입니다. 한국인들이 무척 좋아하기 때문에 아주 다양한 가게에서 구매할 수 있으며 가격 및 요리법, 들어가는 재료도 천차만별입니다. 떡볶이는 뷔페식, 컵떡볶이, 삼겹살과 곁들인 것 등 다양한 방식으로 먹을 수 있습니다. 여러 소스 및 재료와도 잘 어울리는 국민 간식 떡볶이의 매력에 빠져보세요!

Tteokbokki is Korea's leading street food. Because Koreans love it, *tteokbokki* can be purchased in a wide variety of stores, and there are many different prices, recipes and ingredients. *Tteokbokki* can be eaten in various ways such as at a buffet, cup *tteokbokki*, with pork belly and so on. Succumb to the charm of the national street food *tteokbokki*, which goes well with a variety of sauces and ingredients!

사용된 단어들 / Vocabulary List

- **분식**: street food
- **가래떡**: a stick of rounded rice cake
- **끓이다**: boil
- **고추장**: red pepper paste
- **가장 흔한**: the most common
- **튀김**: fried food
- **순대**: *sundae*
- **라면**: ramen
- **김밥**: *gimbap*
- **졸이다**: boil down
- **익숙한**: familiar
- **학창시절**: school days
- **맵고 자극적인**: spicy and strong
- **든든한**: filling
- **탄수화물**: carbohydrates
- **삶의 애환**: the joy and sorrow of life
- **잡지**: magazine
- **조사**: survey
- **응답자**: respondent
- **스트레스를 받다**: be stressed

- **찾다**: look for
- **예**: example
- **비싼**: expensive
- **상업의**: commercial
- **건물**: building
- **포장마차**: stall
- **출구**: exit
- **포장**: pack
- **과일**: fruit
- **마약**: drug
- **현수막**: banner
- **특징**: characteristic
- **뷔페**: buffet
- **어묵**: fish cake
- **라면사리**: ramen noodles
- **요리하다**: cook
- **마찬가지로**: likewise
- **끓이다**: boil
- **김**: dried seaweed
- **김밥**: kimbap
- **돈까스**: pork cutlet
- **음식점**: restaurant
- **포함하다**: include

- **앞에**: in front of
- **팔다**: sell
- **학원**: private educational institutes
- **한 달에 한 번**: once a month
- **고추장**: red pepper paste
- **매운**: spicy
- **바람직한**: desirable
- **배**: stomach
- **고급스러운**: luxurious
- **군만두**: fried dumplings
- **삼겹살**: pork belly
- **경계선**: boundaries
- **간편**: simple
- **주부**: housewife
- **맛있는**: delicious
- **별명**: nickname
- **설탕**: sugar
- **맛**: taste
- **차지하다**: take up
- **보장하다**: guarantee
- **계량하다**: measure
- **일회용의**: disposable
- **간장**: soy sauce
- **대파**: green onion
- **(알갱이의 입자가) 굵은**: coarse

문제 / Questions

1. 다음 중 언급되지 않은 떡볶이 종류는?

    a. 깻잎 떡볶이

    b. 과일 떡볶이

    c. 마약 떡볶이

    d. 소세지 떡볶이

2. 다음의 특이한 떡볶이들 중 언급되지 않은 것은?

    a. 까르보나라 떡볶이

    b. 짜장 떡볶이

    c. 삼겹살 떡볶이

    d. 김치 떡볶이

3. 떡볶이의 기본적인 맛은?

    a. 매운 맛

    b. 단 맛

    c. 짠 맛

    d. 신 맛

4. 맞는 답을 고르시오.

    a. 뷔페에서는 떡볶이는 메뉴로 내놓지 않는다 [T/F]

    b. 초등학생들에게 컵 떡볶이를 나눠주는 학원이 있다 [T/F]

5. 박 선생님은 무엇을 떡볶이에 넣으면 맛이 떨어진다고 하였나?

    a. 고춧가루

    b. 대파

c. 양파

d. 설탕

정답 / Answers

1. D - Sausage *tteokbokki*.

2. D - Kimchi *tteokbokki*.

3. A - A spicy taste.

4. False, True

5. C - Onions.

CHAPTER 10

선크림 - 상/ Sunscreen – Part One

미의 **기준**은 **시대**와 **장소**에 따라 다릅니다. 어떤 **마을**에서는 **목**에 링을 더 많이 찰수록 미인으로 여기는 사람들이 있는가 하면, 또 어떤 나라에서는 아름다움을 위해 턱에 **구멍**을 내서 **장식품**을 거는 사람들도 있습니다. 과거 중국과 우리나라에서는 **통통한** 여인이 미인이었습니다.

하지만 **피부**에 있어서는, 나이와 성별, 동서를 막론하고 모든 사람이 탱탱한 동안 피부, **잡티** 없는 깨끗한 피부를 원하는 것 같습니다. 동안과 깨끗한 피부의 **비결**은 모두 태양, **정확히는** **자외선 노출**을 피하는 것입니다.

자외선은 파장 길이에 따라 A, B, C 로 구분됩니다. 파장이 가장 긴 자외선 A 는 커튼도 **통과**하는데, 이는 피부의 **깊숙한 진피**까지 **침투**해서 **주름**을 만드는, **노화의 주범**입니다.

자외선 B 는 **기미**와 **잠재적인 피부암**의 **원인**입니다. 자외선 C 는 오존층에서 **차단**되어 지표에는 **도달하지** 않습니다.

유전적 요인을 제외하면, 우리 피부의 **문제점**들은 모두 자외선에서 비롯된다고 해도 **과언**이 아닙니다.

자외선은 비타민 D 를 **합성**하기도 하지만, **건강**과 미용적 측면에서는 거의 피부의 **적**에 가깝습니다. 그렇다면, 우리 몸 중에서 가장 피부 **보호**가 잘된 부분은 어디일까요?

바로, **엉덩이**입니다. 자외선에 노출되는 것이 얼마나 판이한 결과를 초래하는지는, 우리 얼굴과 엉덩이 피부를 **비교**해 보면 알 수 있습니다.

자외선 A 와 B 가 피부노화와 잡티를 초래하는 주원인인데, 이를 **방지하기** 위한 방법은 선크림을 **바르는** 것입니다. 이제 선크림의 **올바른** 사용법에 대해 **설명**드리겠습니다.

선크림은 사용법을 올바로 알아야 도움이 됩니다. 선크림 사용에 있어서 **명심해야** 할 점은 크게 3 가지입니다. 첫째, 피부를 **소중히 여긴다면** 날씨에 관계없이 무조건 발라야 합니다. 우리 피부에 **영향을 주는** 자외선의 90%는 자외선 A, **나머지는** 자외선 B 입니다.

자외선 A 는 날씨가 **흐리거나 겨울일** 때도, 해가 뜰 때부터 질 때까지 일정한 양으로 **방출됩니다.** 자외선 A 는 커튼을 쳐도 차단이 되지 않습니다. 즉, 당신이 **잠시** 방심하는 사이에 피부가 **손상을 입을** 수 있습니다.

두 번째, SPF 가 쓰여진 자외선 차단 기능이 있는 **화장품**을 사용하는 것과는 **별개로** 선크림을 발라줘야 합니다.

왜냐하면 이런 종류의 화장품을 바르는 것이 선크림을 바르지 않는 것과 큰 차이가 없기 때문입니다. **화장품을 떡칠하지** 않는 한 자외선 차단 **효과는 아주 약합니다.**

선크림 - 상/ Sunscreen – Part One
with Translation

미의 **기준**은 **시대**와 **장소**에 따라 다릅니다. 어떤 **마을**에서는 **목**에 링을 더 많이 찰수록 미인으로 여기는 사람들이 있는가 하면, 또 어떤 나라에서는 아름다움을 위해 턱에 **구멍**을 내서 **장식품**을 거는 사람들도 있습니다. 과거 중국과 우리나라에서는 **통통한** 여인이 미인이었습니다.

The **standard** of **beauty** depends on the **time** and **place**. In a certain **village**, the more rings you wear on your **neck**, the more beautiful you are. In another country, there are people who make **holes** in their jaws to hang **ornaments** for beauty. In the past, in China and Korea, a **chubby** woman was a beauty.

하지만 **피부**에 있어서는, 나이와 성별, 동서를 막론하고 모든 사람이 탱탱한 동안 피부, **잡티** 없는 깨끗한 피부를 원하는 것 같습니다. 동안과 깨끗한 피부의 **비결**은 모두 태양, **정확히는 자외선 노출**을 피하는 것입니다.

But as far as **skin** is concerned, everyone seems to want a soft fair skin that is healthy without **blemishes**, **regardless of** their age, gender or global location. The **secret** to looking young and having clean skin is to avoid **exposure** to the sun, **specifically to ultraviolet rays**.

자외선은 파장 길이에 따라 A, B, C 로 구분됩니다. 파장이 가장 긴 자외선 A 는 커튼도 **통과**하는데, 이는 피부의 **깊숙한 진피**까지 **침투**해서 **주름**을 만드는, **노화**의 **주범**입니다.

Ultraviolet rays are divided into A, B, and C depending on the wavelength. Ultraviolet A with the longest wavelength **passes through** curtains, and is the main **culprit** of **aging**, **penetrating** the **deep dermis** of the skin to make wrinkles.

자외선 B 는 **기미**와 **잠재적인 피부암**의 **원인**입니다. 자외선 C 는 오존층에서 **차단**되어 지표에는 **도달하지** 않습니다.

Ultraviolet light B is the **cause of freckles** and **potential skin cancer**. Ultraviolet C is **blocked** by the ozone layer and does not **reach** the surface of the earth.

유전적 요인을 제외하면, 우리 피부의 **문제점**들은 모두 자외선에서 비롯된다고 해도 **과언**이 아닙니다.

Except for **genetic factors**, it is no **exaggeration** to say that all the **problems** in our skin stem from ultraviolet rays.

자외선은 비타민 D 를 **합성**하기도 하지만, **건강**과 미용적 측면에서는 거의 피부의 **적**에 가깝습니다. 그렇다면, 우리 몸 중에서 가장 피부 **보호**가 잘된 부분은 어디일까요?

Ultraviolet rays also **synthesize** vitamin D, but in terms of **health** and beauty, they are almost the **enemy** of our skin. So, which part of your body has the best skin **protection**?

바로, **엉덩이**입니다. 자외선에 노출되는 것이 얼마나 판이한 결과를 초래하는지는, 우리 얼굴과 엉덩이 피부를 **비교**해 보면 알 수 있습니다.

It is the **butt**. You can see the result of different exposure to ultraviolet light by **comparing** our face and butt skin.

자외선 A 와 B 가 피부노화와 잡티를 초래하는 주 원인인데, 이를 **방지하기** 위한 방법은 선크림을 **바르는** 것입니다. 이제 선크림의 **올바른** 사용법에 대해 **설명**드리겠습니다.

Ultraviolet rays A and B are the main causes of skin aging and blemishes, and the way to **prevent** them is to **apply** sunscreen. Now let me **explain** the **correct** use of sunscreen.

선크림은 사용법을 올바로 알아야 도움이 됩니다. 선크림 사용에 있어서 **명심해야** 할 점은 크게 3 가지입니다. 첫째, 피부를 **소중히 여긴다면** 날씨에 관계없이 무조건 발라야 합니다. 우리 피부에 **영향을 주는** 자외선의 90%는 자외선 A, **나머지는** 자외선 B 입니다.

Sunscreen is beneficial when you know how to use it properly. There are three main things to **keep in mind** when using sunscreen. First, if you **cherish** your skin, you have to put it on regardless of the weather. 90% of the UV rays that **affect** our skin are ultraviolet A and the **rest** are ultraviolet B.

자외선 A 는 날씨가 **흐리거나 겨울일** 때도, 해가 뜰 때부터 질 때까지 일정한 양으로 **방출됩니다**. 자외선 A 는 커튼을 쳐도 차단이 되지 않습니다. 즉, 당신이 **잠시** 방심하는 사이에 피부가 **손상을 입을** 수 있습니다.

Ultraviolet A **is emitted** in certain quantities, even when the weather is **cloudy** or in **winter**, from sunrise to sunset. Ultraviolet A is not blocked by curtains. That means your skin can be **damaged** while you're off guard **for a while**.

두 번째, SPF 가 쓰여진 자외선 차단 기능이 있는 **화장품**을 사용하는 것과는 **별개로** 선크림을 발라줘야 합니다.

Second, you need to apply sunscreen **independently** of the **makeup products** that have SPF index written on them, which means they have a UV protection effect.

왜냐하면 이런 종류의 화장품을 바르는 것이 선크림을 바르지 않는 것과 큰 차이가 없기 때문입니다. **화장품을 떡칠하지** 않는 한 자외선 차단 **효과는 아주 약합니다**.

It is because these kinds of cosmetics are just a bit better than no sunscreen. Unless you are **caked on makeup**, the protective **effect** is **very weak**.

요약 / Summary

나라마다 미의 기준은 다양하지만, 동서양을 막론하고 좋은 피부를 가지는 것은 아름다움의 한 기준이 되는 것 같습니다. 자외선은 잡티와 노화의 원인입니다. 자외선을 잘 차단할수록 건강한 피부를 가질 수 있습니다. 이를 위하여 선크림을 사용할 경우, 날씨와 관계없이 발라줘야 합니다. 또한 자외선 차단 기능이 있는 화장품 사용과는 별도로 선크림을 발라줘야 합니다.

While the standards of beauty vary from country to country, having good skin seems to be a criterion of beauty regardless of whether you're in the East or West. Ultraviolet rays are the cause of blemishes and aging. The better you block UV rays, the healthier your skin will be. If you use sunscreen for this purpose, you should apply it regardless of the weather. Also, you need to put on sunscreen separately from using cosmetics with SPF index.

사용된 단어들 / Vocabulary List

- **미**: beauty
- **기준**: standard
- **시대**: time
- **장소**: place
- **마을**: village
- **목**: neck
- **구멍**: hole
- **장식품**: ornaments
- **통통한**: chubby
- **피부**: skin
- **잡티** : blemish
- **막론하고**: regardless of
- **비결**: secret
- **노출**: exposure
- **정확히는**: precisely
- **자외선**: ultraviolet ray
- **통과하다**: passes through
- **노화**: aging
- **주범**: culprit
- **침투하다**: penetrate
- **깊숙한**: deep

- **진피**: dermis
- **주름**: wrinkle
- **피부암**: skin cancer
- **원인**: cause
- **잠재적인**: potential
- **기미**: freckle
- **차단하다**: block
- **도달하다**: reach
- **유전적**: genetic
- **요인**: factors
- **과언**: exaggeration
- **문제점**: problem
- **합성하다**: synthesize
- **건강**: health
- **적**: enemy
- **보호**: protection
- **엉덩이**: butt
- **비교하다**: compare
- **방지하다**: prevent
- **바르다**: apply
- **설명하다**: explain

- **올바른**: correct
- **명심하다**: keep in mind
- **소중히 여기다**: cherish
- **영향을 주다**: affect
- **나머지**: rest
- **흐린**: cloudy
- **겨울**: winter
- **방출되다**: is emitted

- **잠시**: for a while
- **손상**: damage
- **별개로**: independently
- **화장품**: makeup products
- **떡칠**: caked in makeup
- **효과**: effect
- **아주 약한**: very weak

문제 / Questions

1. 미의 기준으로 언급되지 않은 것은?

    a. 깨끗한 피부
    b. 긴 다리
    c. 목에 거는 목걸이 수
    d. 통통함

2. 다음 중 주름과 노화의 주범은?

    a. 자외선 A
    b. 자외선 B
    c. 자외선 C
    d. 오존층

3. 오존층의 역할은?

    a. 자외선 A 를 차단
    b. 자외선 B 를 차단
    c. 자외선 C 를 차단
    d. 비타민 D 의 합성을 막음

4. 다음중 선크림을 바르지 않아도 되는 때는?

    a. 비가 오는 날
    b. 이른 오전
    c. 겨울
    d. 언제나 발라야 한다

5. 화장품 사용시 유의점으로 제시된 것은?

   a. SPF 지수가 있는 것을 고른다

   b. 잘 지워야 한다

   c. 선크림을 별도로 바른다

   d. 떡칠을 한다

정답 / Answers

1. B - Long legs.

2. A - Ultraviolet A.

3. C - It blocks ultraviolet C.

4. D - You should always put it on.

5. C - Apply sunscreen separately.

CHAPTER 11

선크림 - 하/ Sunscreen – Part Two

그렇다면 화장하기 전과 후 중에서 선크림을 **언제** 발라야 할까요? 전문가들은 선크림을 화장 후에 바르면 좋다고 이야기합니다.

이는 선크림이 피부와 **태양 사이**의 **필터** 역할을 하기 때문입니다. 선크림의 활성 성분들은 **화학 반응을 통해**, 태양의 **해로운** 광선을 **무해한 열로 전환시켜 줍니다**.

선크림이 제대로 **기능하기** 위해서, 선크림을 피부의 **표면에서** 되도록 먼 곳에 발라야합니다. 선크림을 피부에 더 가깝게 바를수록 햇빛이 피부 속 더 깊이 침투할 수 있기 때문입니다.

마지막으로, 선크림을 **충분히**, 그리고 **자주** 발라야 합니다. 실제로 대부분은, 선크림을 **권장량**의 **1/4** 정도만 바르기 때문에, 제품에 **쓰여진** 자외선 차단 **지수**만큼의 효과를 충분히 누리지 못하고 있습니다.

권장량은 1 제곱센티미터 당 2mg 을 바르는 것인데, 이는 얼굴 전체에 500 원 **동전** 크기만큼의 선크림을 바르는 것과 같습니다. 그리고 하루에 **두 번** 정도는 발라 주어야 **효과**가 제대로 난다고 합니다.

지금까지, 선크림을 바르는 데 있어서 3 가지 유의점을 알려

드렸습니다. **날씨와** 관계없이 발라야 한다, 다른 **화장품들과는 별개로** 발라야 한다, 충분한 양을 발라야 한다는 것이었습니다. 다음으로는 올바른 선크림 선택법에 대해 알려드리겠습니다.

SPF 지수가 30 이상인 **제품을** 사야 합니다. 비싼 선크림을 사서 조금씩 **아껴쓰는** 것보다는, 저렴한 선크림을 사서 부담없이 **듬뿍** 바르는 게 낫습니다. 제조일을 확인해, 최근에 만들어진 선크림을 구매합시다.

선크림이 만들어진지 1년이 지나면 자외선 차단 기능이 거의 **사라지기** 때문입니다. 일반인의 입장에서 **유별을 떨며 두껍게** 발라야, 피부 전문가들은 '아~ 이 사람이 선크림 좀 바를 줄 아는구나.'한다고 합니다.

선크림의 중요성은 아무리 **강조해도** 지나치지 않습니다. 정혜신 **의학박사는** 무인도에 단 세 가지만 가져갈 수 있다면, 셋 다 선크림을 **챙겨갈** 것이라고 말했습니다.

25년간 화장품 사업을 하고 있는 폴라 베가운 여사는, 노출되는 몸의 모든 부위에 선크림을 바르고, **손을** 씻을 **때마다** 덧발라야 한다고 **강조했습니다.**

과거에는 생후 3개월부터 아기에게 선크림을 발라줘야 한다고 했지만, 이제는 아기들이 태양을 접하는 **순간부터** 선크림을 발라줘야 한다고 말이 **바뀌었습니다.** 이는 모두 얼굴 피부를 엉덩이 피부와 같은 **상태로** 관리하려는 노력이 아니겠습니까?

선크림을 꼭 발라야 하는 이유와, 어느 정도로 발라야 하는지를 **기억해** 주시기 바랍니다. 모두가 더욱 **아름다운** 피부를 가꿀 수 있게 되길 바랍니다.

선크림 - 하/ Sunscreen – Part Two
with Translation

그렇다면 화장하기 전과 후 중에서 선크림을 **언제** 발라야 할까요? 전문가들은 선크림을 화장 후에 바르면 좋다고 이야기합니다.

So, **when** should we put on sunscreen? Before or after makeup? Experts say that sunscreen is good to put on after makeup.

이는 선크림이 피부와 **태양 사이**의 **필터** 역할을 하기 때문입니다. 선크림의 활성 성분들은 **화학 반응을 통해**, 태양의 **해로운** 광선을 **무해한 열로 전환시켜 줍니다**.

It's because sunscreen acts as a **filter between** the skin and **the sun**. The active ingredients of suncreen **convert** the sun's **harmful** rays into **harmless heat through chemical reactions**.

선크림이 제대로 **기능하기** 위해서, 선크림을 피부의 **표면에서** 되도록 먼 곳에 발라야합니다. 선크림을 피부에 더 가깝게 바를수록 햇빛이 피부 속 더 깊이 침투할 수 있기 때문입니다.

For sunscreen to **function** properly, it should be applied as far away as possible from the **surface** of the skin. The deeper the sunscreen is applied to the skin, the deeper the sunlight can penetrate.

마지막으로, 선크림을 **충분히**, 그리고 **자주** 발라야 합니다. 실제로 대부분은, 선크림을 **권장량**의 1/4 정도만 바르기 때문에, 제품에 **쓰여진** 자외선 차단 **지수**만큼의 효과를 충분히 누리지 못하고 있습니다.

Lastly, apply sunscreen **sufficiently** and **often**. In fact, most people apply sunscreen only about **a quarter** of the **recommended amount**, so they don't get the full effect of the sun block **index written** on the product.

권장량은 1 제곱센티미터 당 2mg 을 바르는 것인데, 이는 얼굴 전체에 500 원 **동전** 크기만큼의 선크림을 바르는 것과 같습니다. 그리고 하루에 **두 번** 정도는 발라 주어야 **효과**가 제대로 난다고 합니다.

The recommended amount is to apply 2 milligrams per square cm. This is applying sunscreen with the size of a 500-won **coin** all over your face. And you have to apply it **twice** a day to get a good **effect**.

지금까지, 선크림을 바르는 데 있어서 3 가지 유의점을 알려 드렸습니다. **날씨와** 관계없이 발라야 한다, 다른 **화장품들과는 별개로** 발라야 한다, 충분한 양을 발라야 한다는 것이었습니다. 다음으로는 올바른 선크림 선택법에 대해 알려드리겠습니다.

So far, I've mentioned three things about applying sunscreen. Regardless of the **weather**, you have to put it on, **separate from** other **cosmetics**, and put on a sufficient quantity. Next, let me tell you how to choose the right sunscreen.

SPF 지수가 30 이상인 **제품**을 사야 합니다. 비싼 선크림을 사서 조금씩 **아껴쓰는** 것보다는, 저렴한 선크림을 사서 부담없이 **듬뿍** 바르는 게 낫습니다. 제조일을 확인해, 최근에 만들어진 선크림을 구매합시다.

You must buy a **product** with an SPF index of 30 or higher. Rather than buying expensive sunscreen and **saving** it by using little as possible, buy inexpensive sunscreen and apply it **generously**. Check the date of manufacture; let's buy one that is made recently.

선크림이 만들어진지 1 년이 지나면 자외선 차단 기능이 거의 **사라지기** 때문입니다. 일반인의 입장에서 **유별을 떨며 두껍게** 발라야, 피부 전문가들은 '아~ 이 사람이 선크림 좀 바를 줄 아는구나.'한다고 합니다.

This is because the effect of sunscreen almost **disappears** a year after it's been made. When the average person is **making a fuss** and putting sunscreen on **thickly**, then skin experts say, "Oh, this person knows how to apply it."

선크림의 중요성은 아무리 **강조해도** 지나치지 않습니다. 정혜신 **의학박사는** 무인도에 단 세 가지만 가져갈 수 있다면, 셋 다 선크림을 **챙겨갈** 것이라고 말했습니다.
The importance of sunscreen cannot be over**emphasized**. Jeong Hye-shin, **a medical doctor**, said that if she can take only three things to a deserted island, all she would **take** is sunscreen.

25 년간 화장품 사업을 하고 있는 폴라 베가운 여사는, 노출되는 몸의 모든 부위에 선크림을 바르고, **손을** 씻을 **때마다** 덧발라야 한다고 **강조했습니다.**
Paula Begoun, who has been in the cosmetics business for 25 years, **stressed** the need to put sunscreen on all exposed areas of our bodies and put more on **every time** we wash our **hand**s.

과거에는 생후 3 개월부터 아기에게 선크림을 발라줘야 한다고 했지만, 이제는 아기들이 태양을 접하는 **순간**부터 선크림을 발라줘야 한다고 말이 **바뀌었습니다.** 이는 모두 얼굴 피부를 엉덩이 피부와 같은 **상태로** 관리하려는 노력이 아니겠습니까?
In the past, people used to say that sunscreen should be applied to **babies** three months **after** birth, but now it **has changed** to the **moment** they encounter the sun. Isn't this all about trying to take care of the skin to keep it in the same **condition** as the skin on the buttocks?

선크림을 꼭 발라야 하는 이유와, 어느 정도로 발라야 하는지를 **기억해** 주시기 바랍니다. 모두가 더욱 **아름다운** 피부를 가꿀 수 있게 되길 바랍니다.
Please **remember** why and how much sunscreen should be applied. I hope everyone will be able to have more **beautiful** skin.

요약 / Summary

선크림은 피부의 표면에서 되도록 먼 곳에 바르는 것이 좋습니다. 또한 선크림을 바를 때에는, 충분한 양을 발라야 합니다. 선크림을 구매할 때 SPF 지수가 30 이상인 제품을 사야 하며, 최근에 만들어진 제품을 구매해야 합니다. 많은 의사와 피부 전문가들이 선크림의 중요성을 강조하고 있습니다. 선크림을 올바른 방법으로 충분히 발라서 아름다운 피부를 지킵시다.

Sunscreen should be applied as far away as possible from the surface of the skin. Also, when applying sunscreen, you should apply a sufficient amount.When purchasing sunscreen, you need to buy a product with an SPF index of 30 or higher, and select a product that was recently made. Many doctors and skin experts stress the importance of putting on sunscreen. Let's preserve beautiful skin by applying sunscreen sufficiently and correctly.

사용된 단어들 / Vocabulary List

- **언제**: when
- **태양**: the sun
- **사이의**: between
- **필터**: filter
- **화학 반응**: chemical reactions
- **통해**: through
- **해로운**: harmful
- **무해한**: harmless
- **열** : heat
- **전환하다**: convert
- **기능하다**: function
- **표면**: surface
- **충분히**: sufficiently
- **자주**: often
- **1/4** : a quarter
- **권장량**: recommended amount
- **지수**: index
- **쓰여진**: written
- **동전**: coin
- **두 번**: twice

- **효과**: effect
- **지금까지**: so far
- **날씨**: weather
- **~와 별개로**: separate from
- **화장품**: cosmetics
- **제품**: product
- **아껴쓰는**: saving
- **듬뿍**: generously
- **사라지다**: disappear
- **유별을 떨다**: make a fuss
- **두껍게**: thickly
- **강조하다**: emphasize
- **의학박사**: a medical doctor
- **챙기다**: take
- **강조하다**: stress
- **때마다**: every time
- **손**: hand
- **과거에는**: in the past
- **아기**: baby
- **이후의**: after

145

- **바뀌었다**: has changed
- **순간**: moment
- **상태**: condition
- **기억하다**: remember
- **아름다운** : beautiful

문제 / Questions

1. 선크림을 언제 발라야 하는가?

   a. 화장 전

   b. 화장 후

   c. 스킨 바르기 전

   d. 아무때나

2. 선크림의 역할은?

   a. 자외선을 유익하게 바꿔준다

   b. 자외선을 무해하게 해준다

   c. 자외선을 완벽하게 막아준다

   d. 건조함을 없애준다

3. 선크림을 얼마나 발라야 합니까?

   a. 50 원 동전만큼

   b. 평소의 1/4 만큼

   c. 500 원 동전만큼

   d. 2mg

4. 선크림을 구매하고 사용할 때 유의할 점으로 제시된 것은?

   a. 최근에 제조된 선크림을 산다

   b. SPF 25 이상을 산다

   c. 비싼 선크림을 산다

   d. 선크림을 아껴 사용한다

5. 다음 중 피부 전문가들의 조언으로 알맞은 것을 추론하면?

   a. 손을 씻을 때마다 선크림을 발라라.

   b. 어디를 가든 선크림을 꼭 발라라.

   c. 아끼지 말고 충분히 발라라.

   d. 위의 3 가지 전부

정답 / Answers

1. B - After makeup.

2. B - It makes UV rays harmless.

3. C - As much as 500 won coins.

4. A - Buy recently manufactured sunscreen.

5. D - All of the above.

CHAPTER 12

김치 / Kimchi

김치는 한국에서 **없어서는 안되는 반찬**입니다. 아이가 김치가 없어 밥을 못 먹겠다고 할 때, '너도 이제 한국인 다 됐다' 라고 말합니다. 많은 한국인들이 **느끼한** 음식을 먹은 후에 김치가 **당긴다**고 말하기도 합니다.

겨울마다 **배추**가 나오면 여자들은 모여서 **김장**을 합니다. 배추김치는 손이 많이 가는 음식입니다. 배추 **이파리**를 소금으로 절인 후에 **고춧가루**와 **채썬 당근**, 갈아넣은 **배** 등을 활용해 김치 양념을 만들고 이것을 배추 **잎** 사이사이에 채워 넣습니다.

이렇게 만든 김치를 **양념**이 쏟아지지 않도록 정갈하게 김치 **통**에 담습니다. 김치는 보통 매콤한 **맛이 나며**, 1 년 이상 **저장**이 가능합니다.

김치는 배추나 **무우**, **쪽파** 같은 채소를 활용해 만듭니다. 다양한 **재료**로 김치를 만들 수 있는데, 여기에서 착안한 김치 게임이 있습니다.

김치 게임은 생각나는 **아무런 야채**나 **과일**을 떠올려본 뒤에 그걸로 만든 김치가 **존재하는지** 휴대폰으로 검색해서 찾아보는 것입니다. 그 야채나 과일로 만든 김치가 없으면 그 김치를 말한 사람이 점수를 얻는 게임입니다.

메론 김치, **검색해보니** 만든 사람이 있습니다. 바나나 김치, 없습니다. 하지만 바나나와 김치의 **조합을 칭찬하는** 사람들이 많습니다. **미역** 김치도 있네요!

김치가 한국인에게 얼마나 중요하냐 하면, 웬만한 한국인의 가정집에는 **평범한 냉장고** 이외에도 김치만을 **따로** 저장하는 김치냉장고가 한대씩 있습니다. 외국에 사는 한국인들은 배추가 없다면 비슷한 야채로 김치를 담가서 먹습니다. 그들의 집에도 **거의** 김치냉장고가 존재합니다.

아주 옛날에는 땅을 **파고 장독을 묻어** 김치를 저장했지만, 현재는 기술의 발달로 그럴 필요가 없습니다. 김치의 맛이 변하지 않고 오랫동안 **신선하게** 유지되도록 **김치 전용** 냉장고에 넣어두면 되니까요.

김치는 지역별로 맛이 **다양합니다.** 가장 **따뜻한 남쪽** 지방에 있는 김치는 더운 날에도 오랫동안 야채가 상하지 않도록 맵고 **짠** 양념에 배추를 절여 강한 맛이 납니다.

전라도 김치는 **굴,** 배, 젓갈 등 다양한 재료가 들어가 맛깔나기로 유명합니다. **북부** 지방은 비교적 날씨가 서늘해서 김치의 간을 세게 하지 않습니다. 그곳의 백김치나 물김치는 **싱거운** 맛이 납니다.

저희 **할머니 연세의** 여자분들께서 하루 종일 **마당에** 둘러앉아 배추를 **대량으로** 김장하셨습니다. 저희 할머니께서도 **돌아가시기** 바로 전 해에 배추 100 포기를 김장하셨습니다.

할머니께서는 며느리들과 아들들 모두 데리고 김치를 많이 만들어서 **자녀들, 손주 손녀들,** 그리고 마을 사람들에게 나눠주셨습니다.

할머니께서 돌아가신 후에는 다시 **시도할** 엄두가 나지 않을 만큼 엄청난 양이었습니다.

세대가 지나면서 김치는 소량으로 만들어 먹거나 마트에서 **사먹는** 음식이 되어가고 있습니다. 문득, 할머니와 할머니의 김치가 **그리워집니다.**

김치 / Kimchi with Translation

김치는 한국에서 **없어서는 안되는 반찬**입니다. 아이가 김치가 없어 밥을 못 먹겠다고 할 때, '너도 이제 한국인 다 됐다' 라고 말합니다. 많은 한국인들이 **느끼한** 음식을 먹은 후에 김치가 **당긴다고** 말하기도 합니다.

Kimchi is an **indispensable side dish** in Korea. When a child says he can't eat without kimchi, we say, "You're a Korean now." Many Koreans say they **crave** kimchi after eating **greasy** food.

겨울마다 **배추**가 나오면 여자들은 모여서 **김장을** 합니다. 배추김치는 손이 많이 가는 음식입니다. 배추 **이파리**를 소금으로 절인 후에 **고춧가루와 채썬 당근**, 갈아넣은 **배** 등을 활용해 김치 양념을 만들고 이것을 배추 **잎** 사이사이에 채워 넣습니다.

Every winter, when **cabbage** comes out, women gather to **make kimchi**. Cabbage kimchi is a food that requires a lot of work to prepare. Pick up the cabbage **leaves** and salt each leaf, make kimchi seasoning, which includes **red pepper powder**, **shredded carrots**, and ground **pear**, and then stuff it between the **leaves** of the cabbage.

이렇게 만든 김치를 **양념**이 쏟아지지 않도록 정갈하게 김치 **통**에 담습니다. 김치는 보통 매콤한 **맛이 나며**, 1 년 이상 **저장**이 가능합니다.

Put this kimchi neatly in a kimchi **container** so that the **sauce** doesn't spill out. Kimchi usually **tastes** spicy and can be **stored** for more than a year.

김치는 배추나 **무우**, **쪽파** 같은 채소를 활용해 만듭니다. 다양한 **재료**로 김치를 만들 수 있는데, 여기에서 착안한 김치 게임이 있습니다.

Kimchi is made using vegetables such as cabbage, **radish**, and **chives**. You can make Kimchi with various **ingredients**. This is where the idea of the Kimchi game came from.

김치 게임은 생각나는 **아무런 야채**나 **과일**을 떠올려본 뒤에 그걸로 만든 김치가 **존재하는지** 휴대폰으로 검색해서 찾아보는 것입니다. 그 야채나 과일로 만든 김치가 없으면 그 김치를 말한 사람이 점수를 얻는 게임입니다.

The Kimchi game is to think of **any vegetables** or **fruit** that come to mind and search on your phone to find out if there **exists** kimchi made with it. If you don't have kimchi made from the vegetable or fruit, the person who said that kind of kimchi gets points.

메론 김치, **검색해보니** 만든 사람이 있습니다. 바나나 김치, 없습니다. 하지만 바나나와 김치의 **조합을 칭찬하는** 사람들이 많습니다. **미역** 김치도 있네요!

Melon kimchi. I **searched** and found someone who made it. Banana kimchi. There's none, but there are many people who **praise** the **combination** of bananas and kimchi. **Seaweed** kimchi. They made it, too!

김치가 한국인에게 얼마나 중요하냐 하면, 웬만한 한국인의 가정집에는 **평범한 냉장고** 이외에도 김치만을 **따로** 저장하는 김치냉장고가 한대씩 있습니다. 외국에 사는 한국인들은 배추가 없다면 비슷한 야채로 김치를 담가서 먹습니다. 그들의 집에도 **거의** 김치냉장고가 존재합니다.

Kimchi is very important to Koreans and that is why most Korean families have a kimchi refrigerator that only stores kimchi, **separately,** in addition to an **ordinary refrigerator**. Koreans who live abroad make kimchi with cabbage-like vegetables even if they don't have cabbage. There is **almost** always a kimchi refrigerator in their house, too.

아주 옛날에는 땅을 **파고 장독을 묻어** 김치를 저장했지만, 현재는 기술의 발달로 그럴 필요가 없습니다. 김치의 맛이 변하지 않고 오랫동안 **신선하게** 유지되도록 **김치 전용** 냉장고에 넣어두면 되니까요.

A long time ago, people **dug** into the ground and **buried crocks** to store kimchi, but now we don't have to because of the technological development. You can keep kimchi **fresh** in a **kimchi-exclusive** refrigerator for a long time without changing its taste.

김치는 지역별로 맛이 **다양합니다**. 가장 **따뜻한 남쪽** 지방에 있는 김치는 더운 날에도 오랫동안 야채가 상하지 않도록 맵고 **짠** 양념에 배추를 절여 강한 맛이 납니다.

Kimchi **varies** in taste by region. In the **warmest southern** part of Korea, kimchi has a strong taste created by marinating cabbage in spicy, **salty** seasonings so that the vegetables stay good for a long time in spite of hot weather.

전라도 김치는 **굴**, 배, 젓갈 등 다양한 재료가 들어가 맛깔나기로 유명합니다. **북부** 지방은 비교적 날씨가 서늘해서 김치의 간을 세게 하지 않습니다. 그곳의 백김치나 물김치는 **싱거운** 맛이 납니다.

Jeolla-do kimchi is famous for its delicious taste because it contains various ingredients such as **oysters**, pears, and salted seafood The **northern** part of Korea has relatively cool weather, so kimchi there does not have strong seasoning. *White* kimchi or Watery Kimchi there tastes **bland**.

저희 **할머니 연세**의 여자분들께서 하루 종일 **마당**에 둘러앉아 배추를 **대량**으로 김장하셨습니다. 저희 할머니께서도 **돌아가시기** 바로 전 해에 배추 100 포기를 김장하셨습니다.

Women of my **grandmother**'s **age** took a day to sit around the **yard** and made kimchi with **large quantities** of cabbage. My grandmother did that with 100 cabbages in the year just before she **passed away**.

할머니께서는 **며느리들**과 **아들들** 모두 데리고 김치를 많이 만들어서 **자녀들**, **손주 손녀들**, 그리고 마을 사람들에게 나눠주셨습니다. 할머니께서 돌아가신 후에는 다시 **시도할** 엄두가 나지 않을 만큼 엄청난 양이었습니다.

She took all her **daughters-in-law** and **sons** and made all the kimchi and then gave it to her **children**, **grandchildren**, and villagers. It was a staggering amount that no one can dare to **try** to do again after her death.

세대가 지나면서 김치는 소량으로 만들어 먹거나 마트에서 **사먹는** 음식이 되어가고 있습니다. 문득, 할머니와 할머니의 김치가 **그리워집니다**.

As the generations go by, kimchi is becoming a food that we make only a small amount of or **buy** at the supermarket. Suddenly, I **miss** my grandmother and the taste of her kimchi.

요약 / Summary

김치는 한국의 전통적인 반찬입니다. 한국에서는 배추가 나오는 겨울철에 1년 먹을 김치를 만들기 위해 김장을 합니다. 다양한 야채로 김치를 만들 수 있다고 하여 김치 게임도 생겨났습니다. 김치만 담는 김치 냉장고가 있을 정도로 한국인에게는 김치가 중요하며, 그 맛은 지방에 따라 다양합니다. 김치에는 고향의 맛과 어머니와 할머니의 사랑이 담겨 있습니다.

Kimchi is a traditional side dish of Korea. In Korea, we make kimchi to eat for a year in winter when cabbage is harvested. Kimchi game was also introduced because Kimchi can be made with various vegetables. Kimchi is important for Koreans to have a kimchi refrigerator that only contains kimchi, and the taste varies depending on the region. Kimchi contains taste of hometown and love of mother and grandmother.

사용된 단어들 / Vocabulary List

- **없어서는 안되는**: indispensable
- **반찬**: side dish
- **느끼한**: greasy
- **당긴다**: crave
- **배추**: cabbage
- **김장**: make kimchi
- **이파리, 잎** : leaf
- **고춧가루**: red pepper powder
- **배**: pear
- **채썬 당근**: shredded carrots
- **통**: container
- **양념**: sauce
- **저장**: store
- **맛이 나다**: taste
- **무우**: radish
- **쪽파**: chives
- **재료**: ingredients
- **아무런**: any
- **야채**: vegetable
- **과일**: fruit
- **존재하다**: exist
- **검색하다**: search
- **칭찬하다**: praise
- **조합**: combination
- **미역**: seaweed
- **따로**: separately
- **평범한**: ordinary
- **냉장고**: refrigerator
- **거의**: almost
- **파다**: dig
- **묻다**: bury
- **장독**: crock
- **신선한**: fresh
- **김치 전용**: kimchi-only
- **다양하다**: vary
- **따뜻한**: warm
- **남쪽**: southern
- **짠**: salty
- **굴**: oyster
- **북부**: northern

- **싱거운**: bland
- **할머니**: grandmother
- **연세**: age
- **마당**: yard
- **대량**: large quantities
- **돌아가시다**: pass away
- **손주손녀**: grandchildren
- **며느리**: daughter-in-law

- **아들**: son
- **자녀들**: children
- **손주손녀들**: grandchildren
- **시도하다**: try
- **사먹다**: buy (and then eat)
- **그리워지다**: miss

문제 / Questions

1. 배추 양념에 들어가는 재료로 언급되지 않은 것은?

    a. 당근

    b. 배

    c. 고춧가루

    d. 고추장

2. 다음중 존재한다고 언급되지 않은 김치는?

    a. 배추 김치

    b. 무우 김치

    c. 바나나 김치

    d. 미역 김치

3. 한국인들이 가지고 있는 독특한 가전제품은?

    a. 미니 오븐

    b. 김치전용 냉장고

    c. 에어 프라이기

    d. 침구류 청소기

4. 한국의 남쪽 지방 김치는 어떤 맛이 납니까?

    a. 매운 맛

    b. 싱거운 맛

    c. 단 맛

    d. 신 맛

5. 세대가 갈수록 김장 문화는 어떻게 되어가고 있습니까?

    a.   김장하는 양이 적어진다.

    b.   김장하는 양이 많아진다.

    c.   마트에서 파는 김치가 적어진다.

    d.   김치를 땅 속에 묻는 일이 많아진다.

정답 / Answers

1. D - Red pepper paste.

2. C - Banana Kimchi.

3. B - A kimchi-only refrigerator.

4. A - A spicy taste.

5. A - The amount of kimchi making becomes smaller.

CHAPTER 13

아기 돌보기 / Looking After a Baby

일주일에 한 번씩 갓난 **아기**인 준이를 돌봐야 했다. 두세 시간동안 혼자서 아기를 **돌보는** 일은 **처음**이었다. 막 **돌**을 넘긴 준이는 하루가 다르게 쑥쑥 **자랐다.** **일주일에 한 번씩** 준이를 보던 나는 그것을 **더욱 쉽게** 느낄 수 있었다.

첫 주에 준이는 잠만 잤다. 그런데 그 **다음주**에는 **허공**에 **발을 굴렀고**, 그 후 내가 **자장가**를 부르자 자기도 소리를 내어 **따라 부르려고** 했다.

'아니! 아직 태어난 지 3 개월 밖에 안 됐는데 **벌써** 말을 하려고 한단 말이야?' 사실 준이는 말을 한 게 아니라 그저 **옹알이를** 한 것이기에, 누군가 이 생각이 **우습다고** 여길지도 모른다. 하지만 나는 **진지했다.**

같은 자장가를 3 주째 불러주고 있었는데, 준이가 내 노래에 **반응하며 같이** 소리를 내어 뭔가를 말하려고 하자 너무 감격스러웠다. 나도 **잠깐** 돌봤지만 준이가 너무 신기하고 예쁜데, 엄마 눈에는 얼마나 **사랑스러울까**?

엄마들이 자신의 아기를 돌보다가 아기가 **천재**라고 **착각한다는** 말에 **공감이 되었다.** 아기들은 말을 못하기 때문에 **불편한** 점이 생기면 울음으로 의사 표현을 한다. 문제는, 말이 통하지 않아 왜 우는지를 알기가 어려워 쩔쩔 맨다는 것이다. 하루는 준이가 계속 울며 **보챘다.**

분유도 먹여봤는데 **거부했다**. 기저귀가 찝찝한가 해서 갈아줬는데도 **계속 울었다**. 당황하여 준이 엄마에게 **전화를 걸었는데** 갑자기 준이가 **기절이라도 한 듯 잠이 들었다**. 나중에 들어보니 요새 준이가 잠들기 직전에 **이유 없이** 운다고 한다. 일종의 **잠투정**을 부린 거였다.

아기를 재워두면 나만의 시간을 보낼 수 있을 것 같았는데, 이는 생각보다 짧았다. 아기는 손이 많이 가기 때문이다. 2시간 마다 **분유를 따뜻한 물**에 타고, 아기가 먹기 전에 **일정한 온도를** 맞추기 위해 **젖병**을 다시 **식히거나 데우는** 작업을 해야 한다.

아이가 우유를 다 먹으면 등을 **두드려 트림**을 시켜주면서 20분간은 안고 있어야 한다. 아기의 **위**는 **발달이 덜 되어서** 먹고 나서 바로 몸을 눕히면 안 되기 때문이다.

딸꾹질을 하면 체온 변화를 **줄여주기** 위해 모자를 씌워 주었다. 준이는 **배변**이 어려웠다. 2주간 **똥**을 못 싸 속이 **더부룩했는지** 분유도 거부했다. 준이의 엄마 말로는 **소아과**에 다녀왔다는데, 의사는 아직 **약**을 쓸만큼 **심각하지는** 않다며 별다른 **처방**은 내려주지 않았다고 했다. 준이는 힘든 시간을 보내고 있었고, 나는 의사의 답변이 믿기지 않았다.

유튜브에서 찾아보니 많은 아기들이 **배변 문제**를 겪고 있었다. 어른들이 먹는 **변비약**과는 다른, 아기들에게도 **안전한** 약을 소개해주는 소아과 의사의 **영상**도 있었다. 아마도 준이네 엄마에게 다른 병원에 가서 **진단**을 새로 받아보라고 **권해야** 할 것 같았다.

한 영상에서 아기들의 **장 운동**을 도와주는 마사지를 **소개해주고** 있었다. 영상을 보며 배 마사지를 **따라해봤지만** 준이의 울음을 그치게 하는 데에는 별 **소용이 없었다.** 잘 먹고 잘 싸는 게 이렇게 쉽지 않은 일인 줄 몰랐다.

어떤 날은 준이를 안고 보살피느라 옷이 **땀**으로 흥건히 젖기도 한다. 하지만 작고 말 못하는 준이가 나의 품에 머리를 묻고 잠든 모습은 모든 **피로를 잊게** 할 만큼 너무나 사랑스럽고 귀엽다.

아기 돌보기 / Looking After a Baby
with Translation

일주일에 한 번씩 갓난 **아기**인 준이를 돌봐야 했다. 두세 시간동안 혼자서 아기를 **돌보는** 일은 **처음**이었다. 막 돌을 넘긴 준이는 하루가 다르게 쑥쑥 **자랐다**. **일주일에 한 번씩** 준이를 보던 나는 그것을 **더욱 쉽게** 느낄 수 있었다.

Once a week, I had to take care of a **baby**, Jun. It was the **first time** that I would **take care of** a baby alone for two or three hours. Jun, who was just over **one year old**, **grew** up day by day. Seeing Jun **once a week**, I could notice it **more easily**.

첫 주에 준이는 잠만 잤다. 그런데 그 **다음주**에는 **허공**에 **발을 굴렀고**, 그 후 내가 **자장가**를 부르자 자기도 소리를 내어 **따라 부르려고** 했다.

In the first week, Jun only slept. But the **next week**, he **kicked in the air**, and then when I sang a **lullaby**, he tried to **sing along**.

'아니! 아직 태어난 지 3개월 밖에 안 됐는데 **벌써** 말을 하려고 한단 말이야?' 사실 준이는 말을 한 게 아니라 그저 **옹알이를** 한 것이기에, 누군가 이 생각이 **우습다고** 여길지도 모른다. 하지만 나는 **진지했다**.

Wow! He's only three months old but he's **already** trying to speak? Some may find my thought funny because he did not say anything meaningful but just **babbled**. But I was **serious**.

같은 자장가를 3주째 불러주고 있었는데, 준이가 내 노래에 **반응하며 같이** 소리를 내어 뭔가를 말하려고 하자 너무 감격스러웠다. 나도 **잠깐** 돌봤지만 준이가 너무 신기하고 예쁜데, 엄마 눈에는 얼마나 **사랑스러울까**?

I've been singing the **same** lullaby for three weeks, and I was so moved when Jun **responded** to my song and tried to say something **together**. I only took care of him **for a while**, but Jun was so amazing and lovely to me. How **adorable** would he be in his mother's eyes?

엄마들이 자신의 아기를 돌보다가 아기가 **천재**라고 **착각한다는** 말에 **공감이 되었다**. 아기들은 말을 못하기 때문에 **불편한** 점이 생기면 울음으로 의사 표현을 한다. 문제는, 말이 통하지 않아 왜 우는지를 알기가 어려워 쩔쩔 맨다는 것이다. 하루는 준이가 계속 울며 **보챘다**.

I **sympathized** with the fact that mothers **mistook** their babies for **geniuses** while taking care of them. Babies can't speak, so when they feel **uncomfortable**, they cry. The problem is, it is not easy to know why they are crying because they can't speak. One day Jun kept crying and **whining**.

분유도 먹여봤는데 **거부했다**. 기저귀가 찝찝한가 해서 갈아줬는데도 **계속 울었다**. 당황하여 준이 엄마에게 **전화를 걸었는데** 갑자기 준이가 **기절이라도 한 듯 잠이 들었다**. 나중에 들어보니 요새 준이가 잠들기 직전에 **이유 없이** 운다고 한다. 일종의 **잠투정**을 부린 거였다.

I gave him **powdered milk** (what Americans call formula), but he **refused**. I even changed a diaper because I guessed he felt uncomfortable with it, but he **kept crying**. **Embarrassed**, I **called** Jun's mother and then suddenly he **fell asleep as if he'd fainted**. Later, I heard that these days, he cries right before he goes to sleep **for no reason**. It was a sort of **peevishness** before sleep.

아기를 재워두면 나만의 시간을 보낼 수 있을 것 같았는데, 이는 생각보다 짧았다. 아기는 손이 많이 가기 때문이다. 2 시간 마다 **분유를 따뜻한 물**에 타고, 아기가 먹기 전에 **일정한 온도를** 맞추기 위해 **젖병을** 다시 **식히거나 데우는** 작업을 해야 한다.

I thought I could spend my time doing my own tasks while the baby was sleeping, but it was shorter than I expected because he needs a lot of care. Every two hours, I had to mix **powdered milk** with **warm water**, and the **feeding bottle** must be **cooled** or **heated** to keep its **temperature constant** before the baby drinks.

아이가 우유를 다 먹으면 등을 **두드려 트림**을 시켜주면서 20 분간은 안고 있어야 한다. 아기의 **위**는 **발달이 덜 되어서** 먹고 나서 바로 몸을 눕히면 안 되기 때문이다.

When he finishes drinking milk, I need to hold him for 20 minutes while **patting** him on the back to induce **burping**. This is because the baby's **stomach** is **underdeveloped,** so he should not be laid down immediately after eating.

딸꾹질을 하면 체온 변화를 **줄여주기** 위해 모자를 씌워 주었다. 준이는 **배변**이 어려웠다. 2 주간 **똥**을 못 싸 속이 **더부룩했는지** 분유도 거부했다. 준이의 엄마 말로는 **소아과**에 다녀왔다는데, 의사는 아직 **약**을 쓸만큼 **심각하지는** 않다며 별다른 **처방**은 내려주지 않았다고 했다. 준이는 힘든 시간을 보내고 있었고, 나는 의사의 답변이 믿기지 않았다.

When he **hiccups**, I put a hat on his head to **reduce** the temperature change. Jun had a hard time **defecating**. He refused to drink powdered milk because he felt **bloated** after not being able to **poop** for two weeks. His mother said Jun had been to a **pediatric hospital**, but the doctor did not give him any **prescription**, saying it was not **serious** enough to use the **medication** yet. Jun was **having such a hard time** and I couldn't believe what the doctor had said.

유튜브에서 찾아보니 많은 아기들이 **배변 문제**를 겪고 있었다. 어른들이 먹는 **변비약**과는 다른, 아기들에게도 **안전한** 약을 소개해주는 소아과 의사의 **영상**도 있었다. 아마도 준이네 엄마에게 다른 병원에 가서 **진단**을 새로 받아보라고 **권해야** 할 것 같았다.

I found on YouTube that many babies were having **bowel problems**.

There was also a **video** of a pediatrician introducing **safe** medicines to babies, unlike **constipation pills** taken by adults. Maybe I should **recommend** his mom to go to another hospital for a new **diagnosis**.

한 영상에서 아기들의 **장 운동을** 도와주는 마사지를 **소개해주고** 있었다. 영상을 보며 배 마사지를 **따라해봤지만** 준이의 울음을 그치게 하는 데에는 별 **소용이 없었다**. 잘 먹고 잘 싸는 게 이렇게 쉽지 않은 일인 줄 몰랐다.

In one video, a massage was **introduced** to help babies with **bowel movements**. **Following** the video, I gave him a stomach massage, but it was **of little use** to stop Jun from crying. I didn't know that eating well and defecating well could be difficult like this.

어떤 날은 준이를 안고 보살피느라 옷이 **땀**으로 흥건히 젖기도 한다. 하지만 작고 말 못하는 준이가 나의 품에 머리를 묻고 잠든 모습은 모든 **피로를 잊게** 할 만큼 너무나 사랑스럽고 귀엽다.

Some days, my clothes get wet with **sweat** as I hug and take care of Jun. But when I see this small, speechless baby bury his head in my arms and sleep, I **forget** all the **fatigue** due to this lovely, cute boy.

요약 / Summary

나는 아기를 돌보는 일은 처음이라 서툴렀지만, 매주 2-3 시간씩 준이를 돌보는 법을 배웠다. 준이는 한 주가 다르게 무럭무럭 성장하는 모습을 보여줬다. 아기는 말을 할 수 없어서 불편한 점이 생기면 울음으로 의사소통을 대신한다. 아기를 돌보는 일은 생각보다 많은 시간과 보살핌이 필요하다. 아기를 재우고, 먹이고, 기저귀를 갈아줘야 한다. 아기를 돌보는 일은 힘들지만 사랑스러운 아기의 웃음과 귀여운 모습은 모든 고됨을 잊게 해주는 힘이 있다.

I was clumsy when it was my first time taking care of a new baby, Jun, but I learned how to look after Jun for 2-3 hours every week. He rapidly grows each week. Because Jun is unable to speak, he cries to communicate when he feels uncomfortable. Taking care of Jun requires more time and care than you think. You need to put Jun to sleep, feed him, and change his diapers. It's hard to take care of Jun, but Jun's lovely smile and cute appearance have the power to make me forget all the hard work.

사용된 단어들 / Vocabulary List

- **아기**: baby
- **돌**: first birthday
- **처음**: first time
- **돌보다**: take care of
- **자라다**: grow
- **일주일에 한 번씩**: once a week
- **더욱 쉽게**: more easily
- **다음 주**: next week
- **허공**: in the air
- **발을 구르다**: kick
- **자장가**: lullaby
- **따라 부르다**: sing along
- **벌써**: already
- **우스운**: funny
- **옹알이하다**: babble
- **진지한**: serious
- **같은**: same
- **반응하다**: respond
- **같이**: together
- **잠깐**: for a while
- **사랑스러운**: adorable
- **착각하다**: mistake
- **천재**: genius
- **공감하다**: sympathize
- **불편한**: uncomfortable
- **보채다**: whine
- **거부하다**: refuse
- **계속 ~하다**: keep ~ing
- **당황한**: embarrassed
- **전화를 걸다**: call
- **기절하다**: faint
- **잠이 들다**: fall asleep
- **이유 없이**: for no reason
- **잠투정**: peevishness
- **분유**: powdered milk
- **따뜻한 물**: warm water
- **젖병**: feeding bottle
- **식히다**: cool
- **데우다**: heat
- **온도**: temperature
- **일정한**: constant
- **트림**: burping
- **두드리다**: pat
- **위**: stomach

- **발달이 덜 된**: underdeveloped
- **딸꾹질**: hiccup
- **줄이다**: reduce
- **배변**: defecating
- **더부룩한**: bloated
- **똥**: poop
- **소아과**: pediatric hospital
- **약**: medicine
- **심각한**: serious
- **처방**: prescription
- **배변 문제**: bowel problem
- **변비약**: constipation pills

- **영상**: video
- **안전한**: safe
- **진단**: diagnosis
- **권하다**: recommend
- **장 운동**: bowel movement
- **소개하다**: introduce
- **따라하다**: follow
- **소용없는**: of little use
- **땀**: sweat
- **피로**: fatigue
- **잊다**: forget

문제 / Questions

1. 준이는 몇 살인가?

    a. 3 개월

    b. 6 개월

    c. 9 개월

    d. 1 년

2. 글에서 준이가 계속 운 이유는?

    a. 배가 고파서

    b. 졸려서

    c. 기저귀가 찝찝해서

    d. 엄마가 보고 싶어서

3. 아기가 싫다는 의사표현을 무엇으로 할 지 가장 적절한 것은?

    a. 울음

    b. 발차기

    c. 옹알이

    d. 노래

4. 아기에게 젖을 먹일 때 주의해할 점이 아닌 것은?

    a. 젖병이 식으면 다시 데운다

    b. 다 먹인 후 트름을 시켜준다

    c. 다 먹인 후 아이를 눕혀 쉬게한다

    d. 2 시간 마다 분유를 타서 먹인다

5. 아기가 딸꾹질 하는 이유는?

   a. 배가 고파서

   b. 장이 불편해서

   c. 밥을 먹기 싫어서

   d. 체온 변화가 커서

정답 / Answers

1. D - 1 year.

2. B - Because he was sleepy.

3. A - By crying.

4. C - After feeding, lay the child to rest in bed.

5. D - Because his body temperature changes a lot.

CHAPTER 14

짧은 대만 여행 – 상/ A Short Trip to Taiwan – Part One

호주를 가는 길에 짧게 **대만**을 경유하게 되었다. 호주를 갈 때 직항으로 가면 편도로만 비행기 **값**이 거의 80~100 만원이지만, **경유**를 해서 가면 **편도 표**를 대략 30 만원에 **구입할** 수 있다.

대신에 경유하는 7 시간 정도를 공항에서 **보내야** 한다. 부모님께서 경유를 해서 한국에 오셨는데 너무 **피곤하다며** 그 이후에는 직항을 이용하셨다.

하지만 나는 아직 젊었고 비용을 아껴야 했기에 경유 비행기편을 선택했다. 경유지에서 짧게 나마 **여행**을 해보는 것도 좋을 것 같았다. 비행기 안에서 대만에 대해서 **미리** 공부해온 프린트물과 대만 **여행 서적**을 꺼냈다.

대만 여행에 대해 많은 정보를 알려주기**로 유명한** 인터넷 커뮤니티가 있는데, 나는 관광객들이 추천하고 **만족하는** 일부 정보를 **모았다.**

내 남동생은 대만에 대해 미리 공부하는 나를 보며, "누나, 그거 다 인터넷에 나오는데 뭐 하러 **도서관**에 가서 '대만 여행하기' 따위의 책을 **빌려?**"라며 **구식**이라고 **핀잔을 줬다.** 내가 대만에 머무는 짧은 시간 동안, 그것도 저녁 시간대에 들릴 수 있는 곳을 찾기가 쉽지 않았다.

나는 **철저히 준비**를 해야 마음이 편하다. 돌발상황이 생기더라도 당황을 덜 할 수 있기 때문이다. 또한 미리 **조사를** 하면 **헛걸음**을 하거나 **시간 낭비**하는 일을 줄일 수 있다.

내가 타오위안 공항에 도착한 시간은 저녁 **10 시**쯤이었다. 한 **야시장**이 **공항**에서 가까웠지만, 야시장은 **늦어도** 10 시에는 거의 마감이 되기 때문에 **좋은 선택지**가 아니었다.

그런데 도서관에서 빌린 책에서, 공항과 그리 멀지 않은 시먼딩이라는 도시에 24 시간 **밝게** 유지되는 거리가 있음을 알게 되었다. 그곳에는 **유명한 생선요리 음식점이나** 24 시간 운영하는 카페도 있었다.

나는 타이베이에 있는 시먼딩으로 **목적지**를 정했다. **안마**를 받을 수 있는 마사지 샵도 눈 여겨 두었다. 공항에서 밖으로 나가는 데에 생각보다 많은 시간이 지체되었다. 공항 밖으로 나가는 수속을 밟느라 줄을 서는 데에만 2 시간이 걸렸다.

사람이 이렇게 많을 줄 **상상**도 못했다. **국제선**을 타려면 비행기 출발 2 시간 전에는 공항에 들어와 있어야 하기 때문에, 내가 타이베이에서 돌아다닐 수 있는 시간이 3 시간 **남은** 상태였다. 나는 **출구** 쪽에 있는 **환전소**에서 대만 돈으로 얼마를 환전한 후에 국광버스를 타러 갔다.

공항 밖으로 나가자 **갑자기** 덥고 **습한** 기운이 훅 끼쳐왔다. 다행히 대만은 **치안**이 그렇게 나쁘지 않은 나라라고 했다. 국광버스는 나를

종착역인 메인 스테이션에서 내려줬다. 나는 버스에서 **내린** 후에 택시를 탔다. 택시 기사분께서 영어를 조금 할 줄 아셨다.

책을 보여드리며 시먼딩의 거리로 가달라고 했고, 가는 도중에 우리는 간단히 영어로 대화했다. 그 분은 **친절하셨고** 이렇게 늦은 시간에 여행하는 것이 **위험할** 수 있다고 하셨다. **대만어로** 메인스테이션을 어떻게 **발음해야** 하는지도 알려주셨고 나는 다시 택시를 타고 버스 정류장으로 돌아가기 위해 **받아 적었다.**

짧은 대만 여행 – 상/ A Short Trip to Taiwan – Part One with Translation

호주를 가는 길에 짧게 **대만**을 경유하게 되었다. 호주를 갈 때 직항으로 가면 편도로만 비행기 **값**이 거의 80~100 만원이지만, **경유**를 해서 가면 **편도 표**를 대략 30 만원에 **구입할** 수 있다.

On my way to **Australia**, I got to stop by **Taiwan** for a short time. If you take a direct flight to Australia, the one-way flight alone **costs** between 800,000 won and 1 million won, but if you take a one-way **stopover**, you can **purchase a** one-way **ticket** for around 300,000 won.

대신에 경유하는 7 시간 정도를 공항에서 **보내야** 한다. 부모님께서 경유를 해서 한국에 오셨는데 너무 **피곤하다며** 그 이후에는 직항을 이용하셨다.

You need to **spend** about seven hours at the airport during the stopover. My parents came to Korea on a stopover and said that they were too **tired** and used a direct flight after that.

하지만 나는 아직 젊었고 비용을 아껴야 했기에 경유 비행기편을 선택했다. 경유지에서 짧게 나마 **여행**을 해보는 것도 좋을 것 같았다. 비행기 안에서 대만에 대해서 **미리** 공부해온 프린트물과 대만 **여행 서적**을 꺼냈다.

However, I was still young and needed to save money, so I chose the flight because I thought it would be good to take a short **trip** to a stopover. On the plane, I took out printed materials and Taiwan **travel books** that I had studied to learn about Taiwan **in advance**.

대만 여행에 대해 많은 정보를 알려주기**로 유명한** 인터넷 커뮤니티가 있는데, 나는 관광객들이 추천하고 **만족하는** 일부 정보를 **모았다**.

There **was** an Internet community **known for** providing plenty of information on travel to Taiwan, and I **gathered** some of it about what other tourists recommended and were **satisfied** with.

내 남동생은 대만에 대해 미리 공부하는 나를 보며, "누나, 그거 다 인터넷에 나오는데 뭐 하러 **도서관**에 가서 '대만 여행하기' 따위의 책을 **빌려?**"라며 **구식**이라고 **핀잔을 줬다**. 내가 대만에 머무는 짧은 시간 동안, 그것도 저녁 시간대에 들릴 수 있는 곳을 찾기가 쉽지 않았다.

My brother looked at me researching Taiwan in advance, and said, "Sis, why would you go to the **library** and **borrow** a book like 'Travel to Taiwan' when all of those things are on the Internet?" and **scolded** me for being **outdated**. During my short stay in Taiwan, it wasn't easy to find a place to stop by in the evening.

나는 **철저히 준비**를 해야 마음이 편하다. 돌발상황이 생기더라도 당황을 덜 할 수 있기 때문이다. 또한 미리 **조사를** 하면 **헛걸음**을 하거나 **시간 낭비**하는 일을 줄일 수 있다.

Only after I make **thorough preparations**, I feel comfortable because I can be less embarrassed even if an unexpected situation occurs. Also, **investigating** in advance helps reduce the chance of **visiting somewhere in vain** or **wasting time**.

내가 타오위안 공항에 도착한 시간은 저녁 **10 시쯤**이었다. 한 **야시장**이 **공항**에서 가까웠지만, 야시장은 **늦어도** 10 시에는 거의 마감이 되기 때문에 **좋은 선택지**가 아니었다.

I arrived at the Taoyuan airport **around 10 p.m.** There was a **night market** close to the **airport**, but it was not a **good option** because it would close at 10 o'clock **at the latest**.

그런데 도서관에서 빌린 책에서, 공항과 그리 멀지 않은 시먼딩이라는 도시에 24 시간 **밝게** 유지되는 거리가 있음을 알게 되었다. 그곳에는 **유명한 생선요리 음식점이나** 24 시간 운영하는 카페도 있었다.

But in the book I borrowed from the library, I found out that there was a 24-hour **bright** street in the city of Ximending, not far from the airport. There were also **famous fish restaurants** and 24-hour cafés.

나는 타이베이에 있는 시먼딩으로 **목적지**를 정했다. **안마**를 받을 수 있는 마사지 샵도 눈 여겨 두었다. 공항에서 밖으로 나가는 데에 생각보다 많은 시간이 지체되었다. 공항 밖으로 나가는 수속을 밟느라 줄을 서는 데에만 2 시간이 걸렸다.

I set my **destination** for Ximending in Taipei. I also looked at massage shops where I could get **massages**. It took me longer than expected to get out of the airport. I spent two hours lining up to just get out.

사람이 이렇게 많을 줄 **상상**도 못했다. **국제선**을 타려면 비행기 출발 2 시간 전에는 공항에 들어와 있어야 하기 때문에, 내가 타이베이에서 돌아다닐 수 있는 시간이 3 시간 **남은** 상태였다. 나는 **출구** 쪽에 있는 **환전소**에서 대만 돈으로 얼마를 환전한 후에 국광버스를 타러 갔다.

I never **imagined** there would be so many people. You had to be at the airport two hours before you got on the **international flight**, so I had three hours **left** to wander around Taipei. I went to take a Kuo-kuang bus after exchanging some money for Taiwanese one at the **currency exchange stand** near the **exit**.

공항 밖으로 나가자 **갑자기** 덥고 **습한** 기운이 훅 끼쳐왔다. 다행히 대만은 **치안**이 그렇게 나쁘지 않은 나라라고 했다. 국광버스는 나를 **종착역**인 메인 스테이션에서 내려줬다. 나는 버스에서 **내린** 후에 택시를 탔다. 택시 기사분께서 영어를 조금 할 줄 아셨다.

As I went out of the airport, I **suddenly** felt hot and **humid**. Fortunately, I heard that Taiwan's **public security** is not bad. The Kuo-kuang bus dropped me off at **the last stop**, where the Main Station is located. I took a taxi after I **got off** the bus. The taxi driver could speak a little English.

책을 보여드리며 시먼딩의 거리로 가달라고 했고, 가는 도중에 우리는 간단히 영어로 대화했다. 그 분은 **친절하셨고** 이렇게 늦은 시간에 여행하는 것이 **위험할** 수 있다고 하셨다. **대만어로** 메인스테이션을 어떻게 **발음해야** 하는지도 알려주셨고 나는 다시 택시를 타고 버스 정류장으로 돌아가기 위해 **받아 적었다**.

I showed him my book and asked him to go to the street of Ximending I'd found, and while I was on my way, we simply talked in English. He was **kind** and told me that traveling at this late hour could be **dangerous**. He also let me know how to **pronounce** the Main Station of Kuo-kuang bus in **Taiwanese**, in order for me to take a taxi back to the bus stop, so I **wrote it down**.

요약 / Summary

호주를 가는 길에 대만에 잠시 경유를 하게 된 나는 미리 대만에 대해 조사하며 여행 계획을 세웠다. 가고 싶은 도시를 정해 밤에도 이용이 가능한 유명한 음식점과 마사지 가게를 알아봤다. 하지만 공항을 벗어나기까지 많은 시간이 걸렸고, 나는 계획을 조금이라도 이행하기 위해 버스와 택시를 타고 목적지로 향했다.

Having made a brief stopover to Taiwan on my way to Australia, I researched Taiwan in advance and made travel plans. I chose a city that I wanted to visit and found famous restaurants and massage shops that were available at night. However, it took a long time to get out of the airport, and I took a bus and a taxi to the destination to partly fulfill the plan.

사용된 단어들 / Vocabulary List

- **호주**: Australia
- **대만**: Taiwan
- **경유**: stopover
- **편도 표**: one-way ticket
- **값**: cost
- **구입하다**: purchase
- **(시간을) 보내다**: spend time
- **힘든, 피곤한**: tired
- **여행**: trip
- **미리**: in advance
- **여행 서적**: travel book
- **~로 유명한**: be known for ~
- **모으다**: gather
- **만족한**: satisfied
- **구식인**: outdated
- **핀잔을 주다**: scold
- **도서관**: library
- **빌리다**: borrow
- **철저한**: thorough
- **준비**: preparation
- **시간 낭비**: wasting time
- **돌발 상황**: unexpected situation

- **조사하다**: investigate
- **헛걸음**: visiting somewhere in vain
- **10 시쯤**: around 10 p.m.
- **공항**: airport
- **야시장**: night market
- **좋은 선택지**: good option
- **늦어도**: at the latest
- **밝은**: bright
- **유명한 생선요리 음식점**: famous fish restaurant
- **목적지**: destination
- **안마**: massage
- **상상하다**: imagine
- **국제선**: international flight
- **남은**: left
- **환전소**: currency exchange stand
- **출구**: exit
- **갑자기**: suddenly
- **습한**: humid
- **치안**: public security
- **종착역**: last station
- **내리다**: get off

- **친절한**: kind
- **위험한**: dangerous
- **대만어**: Taiwanese

- **발음하다**: pronounce
- **받아 적다**: write down

문제 / Questions

1. 위 글에 의하면 대만에 1 회 경유하여 호주에 가는 편도 비행기표의 가격은?

    a. 30 만원

    b. 50 만원

    c. 80 만원

    d. 100 만원

2. 화자가 대만에서 여행하기 위해 참고한 것은? 모두 고르세요.

    a. 도서관에서 대여한 책

    b. 인쇄물

    c. 남동생의 경험

    d. 지인의 조언

3. 화자가 대만에 대해 열심히 정보를 찾은 이유가 아닌 것은?

    a. 짧은 시간 머물러야 하므로

    b. 늦은 시간에 방문하므로

    c. 예상치 못한 상황에 침착하기 위해

    d. 마중나오기로 한 친척이 있어서

4. 화자가 이용한 교통수단이 아닌 것은?

    a. 비행기

    b. 우버

    c. 국광버스

    d. 택시

5. 공항 밖으로 나오자 대만에서 보낼 수 있는 시간은 몇 시간이 남은 상태였습니까?

    a. 1 시간

    b. 2 시간

    c. 3 시간

    d. 5 시간

정답 / Answers

1. A - 300,000 won.

2. A - A book borrowed from the library, B - Printed materials.

3. D - Because a relative was supposed to meet her.

4. B - An Uber.

5. C - 3 hours.

CHAPTER 15

짧은 대만 여행 – 하/ A Short Trip to Taiwan – Part Two

밤이 되자 생각보다 거리가 **어두웠고 노숙자도** 보였다. **요즘** 세상이 얼마나 **무서운** 지에 대해 크게 생각하지 않은 것 같아 살짝 **후회가** 됐지만, 이미 나온 김에 뭐라도 하자고 생각했다.

나는 조사를 통해 한국 드럭 스토어에서 판매되는 많은 **화장품들이** 대만에 있는 **공장**에서 **생산된다는** 것을 알았다. 따라서 한국 사람들은 대만에 오면 같은 **제품**이라도 **더 저렴하기** 때문에 화장품을 많이 구입해간다고 했다.

마침 24 시간 운영되는 **드럭 스토어**가 있길래 들어가서 가족들에게 선물할 선크림이나 **화장 브러쉬**, 다리에 붙이는 **휴식용 패치**를 샀다.

너무 늦은 시간이라 **직원**들이 물건을 **매대**에 **정리하고** 있었다. 나는 **과자 코너**로 가서 **점원**에게 가장 좋은 게 뭐냐고 영어로 물어봤다. 그 분은 영어를 알아듣지 못했다. 내가 **한국어로 말하나 영어로 말하나** 그 분께는 똑같을 텐데 나는 왜 계속 영어로 말했을까?

은연중에 영어가 더 잘 통할 것 같다는 생각이 있었나 보다. 어쨌든 나는 "왓 이스 더 베스트?"하며 **엄지 손가락**을 추켜올렸다. 그분은 그제서야 **알아듣는 시늉을 하더니** 개구리 **알**처럼 생긴 **사탕류를 권해 주었다**.

189

역시 바디랭귀지는 **국경을 뛰어 넘는 의사소통**이다. 그분은 그 사탕을 먹는 시늉을 하시면서 "쿨~" 이라고 하셨다. "땡큐!" 나는 기쁘게 구매했다. 나중에 먹어보니 **박하향**이 나면서 입이 **화해졌다.**

맛이 있지는 않았지만, **짐을 크게 늘리지** 않으면서도 **독특한** 사탕을 잘 추천해주신 것 같다. 한국에 **돌아와서** 이 사탕을 지인들에게 **나눠주었다.** 그들이 사탕을 먹어보고 깜짝 **놀라는** 반응이 아주 **재미있었다.**

그 다음에는 동네 마트에 들어가서 먹을만한 게 있나 **기웃거렸지만** 별로 먹고 싶은 게 없었다. 오랫동안 **서 있었더니 쉬고 싶어**져서 호텔에 들어가 **안내데스크 직원**에게 **근처에** 마사지샵이 있는지를 물었다.

예상했던 대로 안내데스크 직원은 영어를 할 줄 알았고, 친절하게 길로 나와 **방향**을 알려 주었다. **갑자기** 비가 내리기 시작했다. 하지만 나는 대만이 **우기**라는 것을 **조사**를 통해 배웠었고 **당황하지** 않도록 **가방에 우산을 챙겨왔었다!**

밖이 어두워서 조금 **무서웠지만,** 나는 우산을 **펼치고 씩씩하게** 골목길을 내려가 24 시간 **운영하는** 안마 가게를 찾았다. **분위기도** 밝고, 벽에 가격표도 있어서 **신뢰가 갔다.**

나에게 **여직원**이 배정되었고, 뜨거운 발 마사지 기계에서 발 마사지를 받은 후 **위층**의 **개별** 마사지 방에서 전신 마사지를 받았다. **마사지사**는 나보다 **말랐지만** 팔꿈치와 온 몸의 **무게**를 이용해서 두 시간 동안 마사지를 해주었다.

온 몸이 **풀어지고 흐물흐물해지는** 듯 한 느낌이 들었다. **감사의**

인사를 하고 **결제를 한** 뒤 택시와 국광버스를 차례로 타고 공항으로 돌아왔다. 나름 알찬 시간이었다!

낯선 곳에서 **모험**을 하느라 긴장했는지 나는 호주로 가는 비행기 안에서 거의 깨지 않고 긴 시간동안 푹 잤다. 언젠가 대만에 다시 와서 밝은 시간에 맛있는 것도 먹어보고 유명한 곳도 방문할 기회가 있으면 좋겠다.

짧은 대만 여행 – 하/ A Short Trip to Taiwan – Part Two with Translation

밤이 되자 생각보다 거리가 **어두웠고 노숙자도** 보였다. **요즘** 세상이 얼마나 **무서운** 지에 대해 크게 생각하지 않은 것 같아 살짝 **후회가** 됐지만, 이미 나온 김에 뭐라도 하자고 생각했다.

At night, the streets were **darker** than I thought and I saw **the homeless people**. I felt a little **regretful** because I didn't think much about how **scary** the world was in **these days**. But I thought I'd do something since I was already out.

나는 조사를 통해 한국 드럭 스토어에서 판매되는 많은 **화장품들이** 대만에 있는 **공장에서 생산된다는** 것을 알았다. 따라서 한국 사람들은 대만에 오면 같은 **제품**이라도 **더 저렴하기** 때문에 화장품을 많이 구입해간다고 했다.

I knew from my research that many of the **cosmetics** sold at drugstores in Korea **were produced** in **factories** in Taiwan. Therefore, when Koreans come to Taiwan, they buy a lot of cosmetics because the same **products** are **cheaper**.

마침 24 시간 운영되는 **드럭 스토어**가 있길래 들어가서 가족들에게 선물할 선크림이나 **화장 브러쉬**, 다리에 붙이는 **휴식용 패치**를 샀다.

I happened to find a 24-hour **drugstore**, so I went in and bought sunscreen, **makeup brushes** and leg **relaxing patches** for my family.

너무 늦은 시간이라 **직원들이 물건을** 매대에 **정리하고** 있었다. 나는 **과자 코너**로 가서 **점원**에게 가장 좋은 게 뭐냐고 영어로 물어봤다. 그 분은 영어를 알아듣지 못했다. 내가 **한국어로 말하나 영어로 말하나** 그 분께는 똑같을 텐데 나는 왜 계속 영어로 말했을까?

It was so late that the **staff** was **arranging** the **goods** on the **counter**. I went to the **snack section** and asked a **clerk** what the best product was in English. He didn't understand English. **Whether I spoke in Korean or English**, it would be the same to him, but why did I keep speaking in English?

은연중에 영어가 더 잘 통할 것 같다는 생각이 있었나 보다. 어쨌든 나는 "왓 이스 더 베스트?"하며 **엄지 손가락**을 추켜올렸다. 그분은 그제서야 **알아듣는 시늉을 하더니** 개구리 알처럼 생긴 **사탕류**를 권해 주었다.

I guess I had a thought that English would be better understood. Anyway, I raised my **thumb**, "What is the best?" Only then did she **pretend to understand** and **recommended** me some **candy** that looked like **frog eggs**.

역시 바디랭귀지는 **국경을 뛰어 넘는 의사소통**이다. 그분은 그 사탕을 먹는 시늉을 하시면서 "쿨~" 이라고 하셨다. "땡큐!" 나는 기쁘게 구매했다. 나중에 먹어보니 **박하향**이 나면서 입이 **화해졌다**.

Obviously, body language is a form of **cross-border communication**. She pretended to eat the candy and said, "Cool." "Thank you!" I happily purchased it. When I ate it later, it smelled like **peppermint** and **tasted spicy**.

맛이 있지는 않았지만, **짐**을 크게 **늘리지** 않으면서도 **독특한** 사탕을 잘 추천해주신 것 같다. 한국에 **돌아와서** 이 사탕을 지인들에게 **나눠주었다**. 그들이 사탕을 먹어보고 깜짝 **놀라는 반응**이 아주 재미있었다.

It wasn't tasty, but I think she recommended a **unique** candy without **increasing** my **load** much. When I **came back** to Korea, **I handed out** the candies to my **acquaintances**. They ate it and were **surprised**, which was a very **funny reaction**.

그 다음에는 동네 마트에 들어가서 먹을만한 게 있나 **기웃거렸지만** 별로 먹고 싶은 게 없었다. 오랫동안 **서 있었더니 쉬고 싶어져서** 호텔에 들어가 **안내데스크 직원**에게 **근처에** 마사지샵이 있는지를 물었다.

After that, I went into the local supermarket and **snooped** to see if there was anything I could eat, but there was nothing I wanted to eat. After **standing** for a long time, I **felt like taking a rest**, and I went into a hotel to ask a **receptionist** if there was a massage shop **nearby**.

예상했던 대로 안내데스크 직원은 영어를 할 줄 알았고, 친절하게 길로 나와 **방향**을 알려 주었다. **갑자기** 비가 내리기 시작했다. 하지만 나는 대만이 **우기**라는 것을 **조사**를 통해 배웠고 **당황하지** 않도록 **가방**에 **우산을 챙겨왔었다!**

As I had expected, the receptionist could speak English, and she kindly came out to the street and gave me **directions**. **Suddenly** it began to rain. But I had learned through my **investigation** that it was the **rainy season** in Taiwan, and I had **brought** an **umbrella** in my **bag** so that I wouldn't **panic**!

밖이 어두워서 조금 **무서웠지만**, 나는 우산을 **펼치고 씩씩하게** 골목길을 내려가 24 시간 **운영하는** 안마 가게를 찾았다. **분위기도** 밝고, 벽에 가격표도 있어서 **신뢰가 갔다.**

I was a little **scared** because it was dark **outside**, but I went down the street **bravely** after **unfolding** an umbrella and found a massage shop **operating** 24 hours a day. The **atmosphere** was bright, and the price guide was on the wall, so I felt the shop was **trustworthy**.

나에게 **여**직원이 배정되었고, 뜨거운 발 마사지 기계에서 발 마사지를 받은 후 **위층**의 **개별** 마사지 방에서 전신 마사지를 받았다. **마사지사**는 나보다 **말랐지만 팔꿈치**와 온 몸의 **무게**를 이용해서 두 시간 동안 마사지를 해주었다.

I was assigned a **female** staff member, and after receiving a foot massage from a hot foot massage machine, I got a full body massage in a **separate** room **upstairs**. The **masseuse** was **thinner** than me, but she used her **elbow** and all her body **weight** to massage me for two hours.

온 몸이 **풀어지고 흐물흐물해지는** 듯 한 느낌이 들었다. **감사의** 인사를 하고 **결제를 한** 뒤 택시와 국광버스를 차례로 타고 공항으로 돌아왔다. 나름 알찬 시간이었다!

I felt as if my whole body had **loosened up** and become **squashy**. After expressing **gratitude** and **making the payment**, I returned to the airport in turn by taxi and a Kuo-kuang Bus. It was a good time!

낯선 곳에서 **모험**을 하느라 긴장했는지 나는 호주로 가는 비행기 안에서 거의 깨지 않고 긴 시간동안 푹 잤다. 언젠가 대만에 다시 와서 밝은 시간에 맛있는 것도 먹어보고 유명한 곳도 방문할 기회가 있으면 좋겠다.

Maybe I was nervous about my **adventure** in a **strange** place, so I slept for a long time on the plane to Australia with little time spent awake. I hope I can come back to Taiwan one day when it is daytime and have a chance to eat delicious food and visit famous places.

요약 / Summary

나는 대만의 드럭 스토어에서 한국에서보다 더 저렴하게 판매되고
있는 인기가 많은 화장품들을 구매했다. 비록 점원과 말은 통하지
않았지만 바디랭귀지로 소통하여 독특한 맛의 사탕을 추천받았다.
갑자기 비가 내렸지만 미리 준비해둔 우산을 쓰고 마사지 가게를
찾았고, 마사지를 받은 후 성공적으로 공항에 돌아왔다.

I bought popular cosmetics at a drugstore in Taiwan because they are
sold at a lower price than in Korea. Although I could not communicate
with the clerk in English, through body language I was recommended a
unique flavor of candy. It suddenly rained, but after opening the
umbrella I had prepared in advance, I went to the massage shop and
successfully returned to the airport after receiving the massage.

사용된 단어들 / Vocabulary List

- **어두운**: dark
- **노숙자**: the homeless people
- **요즘**: these days
- **무서운**: scary
- **후회하다**: regret
- **공장**: factory
- **생산하다**: produce
- **더 저렴한**: cheaper
- **화장품**: cosmetics
- **드럭스토어**: drugstore
- **제품, 상품**: product
- **화장 브러쉬**: makeup brush
- **휴식용 패치**: relaxing patches
- **직원**: staff
- **정리하다**: arrange
- **물건, 상품**: goods
- **매대**: counter
- **과자 코너**: snack section
- **점원**: clerk
- **~하든지 안 하든지**: whether
- **엄지 손가락**: thumb
- **시늉을 하다**: pretend
- **알아듣다**: understand
- **권하다**: recommend
- **개구리 알**: frog's egg
- **사탕**: candy
- **국경을 뛰어 넘는**: cross-border
- **의사소통**: communication
- **박하**: peppermint
- **(입이) 화하다**: taste spicy
- **독특한**: unique
- **늘리다**: increase
- **짐**: load
- **돌아오다**: come back
- **나누어주다**: handed out
- **지인**: acquaintances
- **놀란**: surprised
- **반응**: reaction
- **재미있는**: funny
- **기웃거리다**: snoop
- **서 (있)다**: stand
- **~하고 싶다**: feel like ~ing
- **쉬다**: take a rest
- **안내데스크 직원**: receptionist

- **근처에**: nearby
- **방향**: directions
- **갑자기**: suddenly
- **조사**: investigation
- **우기**: rainy season
- **우산**: umbrella
- **챙기다, 가져오다**: bring
- **당황한**: panic
- **가방**: bag
- **겁에 질린**: scared
- **밖**: outside
- **씩씩하게**: bravely
- **펼치다**: unfold
- **운영하다**: operate
- **분위기**: atmosphere
- **신뢰가 가는**: trustworthy
- **여성의**: female
- **개별**: separate
- **위층**: upstairs
- **마사지사**: masseuse
- **마른**: thin
- **팔꿈치**: elbow
- **무게**: weight
- **풀어지다**: loosened up
- **흐물흐물해지는**: squashy
- **감사**: gratitude
- **결제를 하다**: make the payment
- **모험**: adventure
- **낯선**: strange

문제 / Questions

1. 위 글에 근거하면, 한국 사람들이 대만에 와서 한국에서보다 더 저렴하게 살 수 있는 품목은?

    a. 과일
    b. 화장품
    c. 과자
    d. 우산

2. 화자는 왜 드럭스토어의 직원들에게 영어로 말했나?

    a. 한국어를 쓰면 국적을 들킬까봐
    b. 대만어 실력을 숨기려고
    c. 그들이 영어를 할 줄 알아서
    d. 영어로 말하면 더 잘 알아들을까봐

3. 대만에서 산 사탕의 모양은?

    a. 개구리알
    b. 곰돌이
    c. 야구공
    d. 하트

4. 당시 대만의 날씨는?

    a. 우기
    b. 건기
    c. 태풍
    d. 황사

5. 위 글에 나온 마사지 가게에 대한 설명이 아닌것은?

   a. 나에게 여직원이 배정되었다

   b. 발마사지를 받은 후 전신 마사지를 받는다

   c. 마사지사의 체격이 컸다.

   d. 가격과 시간 안내가 구체적이다

정답 / Answers

1. B - Cosmetics.

2. D - She thought they might understand better if she spoke in English.

3. A - Frog eggs.

4. A - A rainy season.

5. C - The masseuse had a large physique.

CHAPTER 16

화산 폭발/ A Volcanic Eruption

인상 깊게 보았던 **재난 영화**를 기억하시나요? 유명한 재난 영화 중에는 허리케인이 **대륙을 휩쓸고** 지나가는 이야기, 전 세계가 **거대한** 쓰나미와 **홍수**로 뒤덮이는 이야기, 급작스러운 **지진**이나 **화산 폭발**로 엄청난 **혼란**이 생기는 이야기가 있습니다.

재난 영화의 하이라이트 장면들을 떠올려봅시다. 영화 속 재난이 현실에서 일어나는 것을 **상상해** 보신 적이 있나요? **아마도** 없을 것입니다. 하지만 유감스럽게도 대답이 '그렇다'로 **바뀌어야** 할 지도 모릅니다.

많은 전문가들에 따르면 한반도의 **최고봉**인 백두산의 폭발이 가까워지고 있다고 합니다. 한 연구팀은 백두산 근처 지진의 **빈도**가 2002 년 이후로 **무척 크게** 증가한 것을 발견했습니다.

화산 폭발 **과정**은 크게 다섯 **단계**로 나뉩니다. 화산 폭발과 그 이후 화산 활동에 대하여 알아봅시다. 첫 번째 단계는 **조짐**입니다. 일반적으로, 화산 폭발에 앞서 많은 **징조들**이 나타납니다.

먼저, 화산 **활동**이 두드러지면서 화산 가스가 분출되고, 이로 인해 화산 주변에 **시들어가는** 식물들이 점점 많아집니다. 주변 **온천수**가 있다면 그 온도가 높게 올라갑니다. 또한 온도의 변화에 **민감한** 뱀이나, 개구리, 지렁이와 같은 동물들이 멀리 달아납니다.

화산에 지속적인 **압력**이 가해지면 화산 아래에 있는 마그마 **층**은 점점 **더 두꺼워지고** 커집니다. 마그마가 분화구로 이어지는 **기둥**을 타고 **올라오면서 점차 팽창하던** 화산은 마침내 폭발을 하게 됩니다.

두 번째 단계는 홍수라고 할 수 있습니다. 이 단계는 화산에 따라 다릅니다. 만약 **폭발**이 일어난 산에 **만년설**이나 칼데라가 있다면 홍수가 발생하게 됩니다. 빙하는 높은 온도로 인해 **녹게** 됩니다. 분화구에 형성된 큰 **호수**를 뜻하는 칼데라는 **엄청난** 압력으로 그 물을 **뿜어낼** 것입니다.

세 번째 단계는 지진입니다. 홍수와 거의 동시에 지진이 약 200km 이내의 지역을 강타합니다. 네 번째 단계로 용암이 흐릅니다. 화산 밖으로 나온 마그마를 용암이라고 하는데, 용암은 매우 뜨거운 **액체** 암석입니다. 용암이 **흘러내리면서** 근처 도시는 불바다가 됩니다.

마지막 단계는, **분화구**에서 화쇄류가 나옵니다. 화쇄류는 일종의 화산 **혼합물**인데, 이는 **유해한** 화산재와 바위 **조각**, 화산 가스, **연기로** 이루어져 있습니다. 이 화쇄류는 **구름** 높이의 두 배인 약 25km 까지 올라갑니다. 넓게 **퍼지면서** 적당한 바람을 만나면 다른 대륙에도 닿을 수 있습니다.

아이슬란드에 있는 화산, 에이야프 얄라요쿨은 그 화산 폭발의 규모가 커 세계적으로 유명합니다. 하지만 전문가들은 백두산이 폭발할 경우 이보다 최소 열 배 이상 강력할 것이라고 말합니다. 놀랍지 않나요? 무엇을 상상하든지 그 이상을 보게 될 테니까요.

화산 폭발/ A Volcanic Eruption
with Translation

인상 깊게 보았던 **재난 영화**를 기억하시나요? 유명한 재난 영화 중에는 허리케인이 **대륙을 휩쓸고** 지나가는 이야기, 전 세계가 **거대한** 쓰나미와 **홍수**로 뒤덮이는 이야기, 급작스러운 **지진**이나 **화산 폭발**로 엄청난 **혼란**이 생기는 이야기가 있습니다.

Do you remember any **disaster movies** that impressed you? Some famous movies include the story of a hurricane **sweeping** across the **continent**, the story of the world being covered by **massive** tsunamis and **floods**, and the story of a sudden **earthquake** or **volcanic eruption** that creates a lot of **chaos**.

재난 영화의 하이라이트 장면들을 떠올려봅시다. 영화 속 재난이 현실에서 일어나는 것을 **상상해** 보신 적이 있나요? **아마도** 없을 것 입니다. 하지만 유감스럽게도 대답이 '그렇다'로 **바뀌어야** 할 지도 모릅니다.

Let's think of the highlights of the disaster movies. Have you ever **imagined** that the disasters in those movies can happen in real life? **Probably** not. Unfortunately, however, your answer may have to be **changed** to "Yes".

많은 전문가들에 따르면 한반도의 **최고봉**인 백두산의 폭발이 가까워지고 있다고 합니다. 한 연구팀은 백두산 근처 지진의 **빈도**가 2002 년 이후로 **무척 크게** 증가한 것을 발견했습니다.

According to many experts, the eruption of Mt. Baekdu, **the highest peak** on the Korean Peninsula, is getting closer. A team of researchers found that the **frequency** of earthquakes has increased **significantly** since 2002.

화산 폭발 **과정**은 크게 다섯 **단계**로 나뉩니다. 화산 폭발과 그 이후 화산 활동에 대하여 알아봅시다. 첫 번째 단계는 **조짐**입니다. 일반적으로, 화산 폭발에 앞서 많은 **징조들**이 나타납니다.

The eruption **process** of a volcano can be described as five major **steps**. Let's look at volcanic explosions and subsequent volcanic activity. The first step is an **indication**. In general, there are many **signs** ahead of a volcanic eruption.

먼저, 화산 **활동**이 두드러지면서 화산 가스가 분출되고, 이로 인해 화산 주변에 **시들어가는 식물들**이 점점 많아집니다. 주변 **온천수**가 있다면 그 온도가 높게 올라갑니다. 또한 온도의 변화에 **민감한** 뱀이나, 개구리, 지렁이와 같은 동물들이 멀리 달아납니다.

First of all, the volcanic **activity** becomes more distinct, causing volcanic gas to erupt, which causes more and more **plants** to **wither** around the volcano. If there is a **hot spring** nearby, its temperature rises. Also, some animals, such as snakes, frogs, and worms, that are **sensitive** to temperature changes, flee further away.

화산에 지속적인 **압력**이 가해지면 화산 아래에 있는 마그마 **층**은 점점 **더 두꺼워지고** 커집니다. 마그마가 분화구로 이어지는 **기둥**을 타고 **올라오면서 점차 팽창하던** 화산은 마침내 폭발을 하게 됩니다.

When a constant **pressure** is applied to the volcano, the magma **layer** under the volcano becomes **thicker** and larger. As magma **climbs up** the **column** leading to the crater, the **gradually expanding** volcano finally erupts.

두 번째 단계는 홍수라고 할 수 있습니다. 이 단계는 화산에 따라 다릅니다. 만약 **폭발**이 일어난 산에 **만년설**이나 칼데라가 있다면 홍수가 발생하게 됩니다. 빙하는 높은 온도로 인해 **녹게** 됩니다. 분화구에 형성된 큰 **호수**를 뜻하는 칼데라는 **엄청난** 압력으로 그 물을 **뿜어낼** 것입니다.

The second stage is a flood. This step depends on each volcano. If there is **permanent snow** or a caldera in the mountain where the **explosion** occurred, flooding occurs. The snow or glaciers **melt** due to high temperatures. Caldera, which means a large **lake** formed in the crater, will **pump out** the water with **tremendous** pressure.

세 번째 단계는 지진입니다. 홍수와 거의 동시에 지진이 약 200km 이내의 지역을 강타합니다. 네 번째 단계로 용암이 흐릅니다. 화산 밖으로 나온 마그마를 용암이라고 하는데, 용암은 매우 뜨거운 **액체** 암석입니다. 용암이 **흘러내리면서** 근처 도시는 불바다가 됩니다.

The third stage is an earthquake. Almost at the same time as flooding, earthquakes hit areas within 200 kilometers. In the fourth step, lava flows. Lava is magma flowing out of the volcano, and is a very hot **liquid** rock. As lava **flows down**, nearby cities become a sea of fire.

마지막 단계는, **분화구**에서 화쇄류가 나옵니다. 화쇄류는 일종의 화산 **혼합물**인데, 이는 **유해한** 화산재와 바위 **조각**, 화산 가스, **연기로** 이루어져 있습니다. 이 화쇄류는 **구름** 높이의 두 배인 약 25km 까지 올라갑니다. 넓게 **퍼지면서** 적당한 바람을 만나면 다른 대륙에도 닿을 수 있습니다.

The final step is pyroclastic flow coming out of the **crater**. It is a kind of volcanic **mixture**. It is made up of **harmful** volcanic ash, rock **fragments**, volcanic gas, and **smoke**. The flow can go up to almost 25 kilometers, twice as high as **clouds**. If **spread** wide, with the right wind it can reach another continent.

아이슬란드에 있는 화산, 에이야프 얄라요쿨은 그 화산 폭발의 규모가 커 세계적으로 유명합니다. 하지만 전문가들은 백두산이 폭발할 경우 이보다 최소 열 배 이상 강력할 것이라고 말합니다. 놀랍지 않나요? 무엇을 상상하든지 그 이상을 보게 될 테니까요.

A volcano in Iceland, Eyjafjallajokull, is world-famous for its large eruption. However, experts say if Mt. Baekdu erupts, it would be at least 10 times more powerful. Isn't that amazing? Whatever you imagine, you can be certain that it will be even more impressive.

요약 / Summary

연구자들에 의하면, 휴화산이었던 백두산이 활화산이 될 징조를 보이고 있습니다. 폭발할 경우 역대 최고 화산 폭발이 될 것이라고 합니다. 거대한 화산 폭발은 온도의 상승과 식물의 고사, 동물들의 단체 출몰과 같은 조짐으로 예측이 가능합니다. 또한 화산이 폭발하게 되면, 홍수, 지진, 마그마로 인한 화재, 화쇄류로 인해 주변 일대가 파괴될 수 있습니다.

According to researchers, Mt. Baekdu, which used to be a dormant volcano, is showing signs of becoming an active volcano. If it erupts, it will be the most powerful volcanic eruption ever. The eruption of a huge volcano can be anticipated with omens such as rising temperatures, the death of withered plants, and the group appearance of some animals. In addition, when a volcano erupts, it can lead to nearby devastation caused by floods, earthquakes, fires, and pyroclastic flow.

사용된 단어들 / Vocabulary List

- **재난 영화**: disaster movie
- **(휩)쓸다**: sweep
- **대륙**: continent
- **거대한**: massive
- **홍수**: flood
- **지진**: earthquake
- **화산 폭발**: volcanic eruption
- **혼란**: chaos
- **상상하다**: imagine
- **아마도**: probably
- **바꾸다**: change
- **최고봉**: the highest peak
- **빈도**: frequency
- **무척 크게**: significantly
- **과정**: process
- **단계**: step
- **조짐**: indication
- **징조**: sign
- **활동**: activity
- **식물**: plant
- **시들어가다**: wither
- **온천수**: hot spring
- **민감한**: sensitive
- **압력**: pressure
- **층**: layer
- **더 두꺼운**: thicker
- **올라오다**: climb up
- **기둥**: column
- **점차**: gradually
- **팽창하다**: expand
- **만년설**: permanent snow
- **폭발**: explosion
- **녹다**: melt
- **호수**: lake
- **뿜어내다**: pump out
- **엄청난**: tremendous
- **액체**: liquid
- **흘러내리다**: flows down
- **분화구**: crater
- **혼합물**: mixture
- **유해한**: harmful
- **조각**: fragment
- **연기**: smoke
- **구름**: clouds
- **퍼지다**: spread

문제 / Questions

1. 재난 영화로 언급되지 않은 것은?

    a. 허리케인을 다룬 영화

    b. 세계적인 홍수를 다룬 영화

    c. 지진을 다룬 영화

    d. 운석 충돌을 다룬 영화

2. 위의 글을 통해 알 수 있는 백두산의 특징은?

    a. 한반도에서 가장 높은 산이다

    b. 한반도에서 분화구가 있는 유일한 산이다

    c. 지금까지 활화산이었다

    d. 산의 정상에 빙하가 있다

3. 화산활동에 대한 설명으로 옳은 것은?

    a. 모든 화산 폭발은 홍수를 동반한다.

    b. 화산 폭발 이전에 몇몇 파충류가 떼로 출몰한다.

    c. 화쇄류는 먼 곳까지는 가지 않는다

    d. 분화 시기가 가까울수록 지진 횟수가 줄어든다.

4. 가장 큰 화산 폭발로 유명한 산이 있는 나라는?

    a. 대한민국

    b. 북한

    c. 아이슬란드

    d. 일본

5. 백두산에는 백록담이라는 호수가 있습니다. 백두산이 화산 폭발을 할 경우 일어날 일은?

    a. 홍수가 발생한다.

    b. 주변의 식물들이 시든다.

    c. 마그마로 불바다가 된다.

    d. 위의 세 가지 모두

정답 / Answers

1. D - A movie about a meteorite collision.

2. A - It is the highest mountain on the Korean Peninsula.

3. B - Several reptiles appear in groups before a volcanic eruption.

4. C - Iceland.

5. D - All three above.

CHAPTER 17

인대 파열/ The Rupture of Ligament

대학별 **체육 대항전**이 2주 앞으로 다가왔다. 경희대 **체육관**에서 **연습**을 하게 되었다. **농구**를 할 때 나의 **별명**은 치타였다. 나는 빠르게 달리며 **그물망**에 공을 넣으려고 했다. **멀리서** 패스된 공을 받으려고 점프를 했는데, **상대편 선수**가 나의 **발목**을 강하게 **찼다**.

그 순간 나는 **눈을** 질끈 **감으며** 바닥으로 **떨어졌다**. 나는 괜찮다고 하며 휴식을 취했으나, 활동성 있는 게임에는 **참여하지** 못했다. 하루가 지났는데 발 **상태가 나아질** 기미가 보이지 않았다. 동네 **정형외과**를 갔는데 **여름 휴가**로 병원을 잠시 **닫는다**는 **팻말**이 있었다. **가는 날이 장날이었다**.

하는 수 없이 나는 버스를 타고 제일 가까운 옆 동네 정형외과로 향했다. 버스에서 내려서 병원까지 **거리**는 그리 **멀지** 않았지만 걷는 것이 고통스러운 나에게는 참 길게 느껴졌다.

의사 선생님께서는 내 발목에 엑스레이를 찍어보시더니 괜찮다고 하셨고 조심해서 걸어다니라고 하시며 **그 외의 다른 조치**는 취하지 않으셨다. 나는 그리 심각한 상황이 아니라고 생각했고, 무리만 하지 않으면 된다고 여겼다.

어렸을 때부터 크게 **다쳐본** 적이 없었고, 이번에 입은 부상도 **경미한** 수준이라고 생각했다. 하지만 시간이 지나도 붓기가 빠지지 않았고

213

발이 전체적으로 **아팠다**. 뭔가 **잘못됐다는** 생각이 들어 다시 병원에 갔다.

나는 **초음파** 검사를 받았다. 의사 선생님께서 **인대가** 많이 다쳤다며 이 정도면 꽤 아팠을 텐데 걸어다니는 게 괜찮았냐고 물으셨다. 아니, 선생님! 그걸 지금에서야 말씀해주시면 어떡합니까. 이전에는 상황이 얼마나 심각했는지 몰랐기에 나는 **황당했다**.

이 병원 의사 선생님께서는 정확히 어떤 인대를 다쳤는지 알지 못했고 딱히 **치료**를 해주지도 않았다. 선생님을 **신뢰하기** 어렵다고 판단한 나는 **발만을 전문적으로** 치료하는 **병원**을 두 곳 더 가봤다.

'**양 발로**' 병원의 의사 선생님께서는 내 발목의 인대가 **파열됐다**고 하셨다. 선생님께서는 **구체적으로** 다친 인대가 비골에 **붙어있는** 비골근이라고 알려주셨고, 나는 **깁스**를 하게 되었다.

걸을 때마다 다친 부분에 **자극**이 가서, 최대한 덜 움직이기 위해 가까운 거리를 이동할 때에도 **거북이** 속도로 걸어야 했다. 일주일에 한 번씩 멀리 있는 병원에 가서 치료를 받아야 했다. 걸을 때마다 조심해야 해서 **긴장하느라** 피곤했고, 치료비도 **어림잡았던** 것보다 많이 나와서 속이 상했다.

하루는 **물리 치료**를 받는데 눈물이 나왔다. 또 다른 날에는 집으로 가는 **언덕길**에서 **눈물이 나왔다.** 보통 집까지 몇 분이면 올라갈 수 있었는데, 시간이 너무 오래걸렸고, 나는 이런 쉬운 일조차 못하게 되었다. 하지만 **그 순간** 그건 **당연한** 일이 아니라는 생각이 들었다.

그동안 내가 **건강하게** 돌아 다녔던 건 **축복**이었고 **감사할** 일이었음을 깨달으며 나는 도리어 **감사하는** 마음을 가지게 되었다. 이후, 나는 6개월 동안 물리 치료와 **재활 치료를** 병행하며 발목의 건강을 **회복했다**.

인대 파열/ The Rupture of Ligament
with Translation

대학별 **체육 대항전**이 2주 앞으로 다가왔다. 경희대 **체육관**에서 **연습**을 하게 되었다. **농구**를 할 때 나의 **별명**은 치타였다. 나는 빠르게 달리며 **그물망**에 공을 넣으려고 했다. **멀리서** 패스된 공을 받으려고 점프를 했는데, **상대편 선수**가 나의 **발목**을 강하게 **찼다**.

The collegiate **athletic competition** was just two weeks away. I went to Kyung Hee University **gym** and **practiced**. My **nickname** was Cheetah when I played **basketball**. I ran fast and tried to put the ball into the **net**. I jumped to get the ball passed **from afar**, and the **opposing player kicked** my **ankle** hard.

그 순간 나는 **눈을** 질끈 **감으며** 바닥으로 **떨어졌다**. 나는 괜찮다고 하며 휴식을 취했으나, 활동성 있는 게임에는 **참여하지** 못했다. 하루가 지났는데 발 **상태가 나아질** 기미가 보이지 않았다. 동네 **정형외과**를 갔는데 **여름 휴가**로 병원을 잠시 **닫는다는** 팻말이 있었다. **가는 날이 장날이었다**.

At that moment, I **closed my eyes** and **fell** to the floor. I took a rest saying I was okay, but I couldn't **participate in** active games. A day passed and there was no sign of **improvement** in my ankle's **condition**. I went to the local **orthopedic hospital**, but there was a **sign** that the hospital would be **closed** for a while for **summer vacation. You never know your luck.**

하는 수 없이 나는 버스를 타고 제일 가까운 옆 동네 정형외과로 향했다. 버스에서 내려서 병원까지 **거리**는 그리 **멀지** 않았지만 걷는 것이 고통스러운 나에게는 참 길게 느껴졌다.

I had no choice but to take the bus and head to a hospital in the nearest town. The **distance** from the bus to the hospital was not that **far**, but it felt very long for me since I suffered while walking.

의사 선생님께서는 내 발목에 엑스레이를 찍어보시더니 괜찮다고 하셨고 조심해서 걸어다니라고 하시며 **그 외의 다른 조치**는 취하지 않으셨다. 나는 그리 심각한 상황이 아니라고 생각했고, 무리만 하지 않으면 된다고 여겼다.

The doctor said my ankle was okay after taking an X-ray, and told me to walk around carefully, but the doctor didn't take **any other actions**. I thought that it was not a serious situation and that I just needed to be careful not to use my foot too much.

어렸을 때부터 크게 **다쳐본** 적이 없었고, 이번에 입은 부상도 **경미한** 수준이라고 생각했다. 하지만 시간이 지나도 붓기가 빠지지 않았고 발이 전체적으로 **아팠다**. 뭔가 **잘못됐다는** 생각이 들어 다시 병원에 갔다.

I had never been seriously **injured** since I was young, and I thought this injury was **minor**, too. However, over time, the swelling didn't go away and my feet **hurt** all over. I felt something was **wrong** and went back to the hospital.

나는 **초음파** 검사를 받았다. 의사 선생님께서 **인대**가 많이 다쳤다며 이 정도면 꽤 아팠을 텐데 걸어다니는 게 괜찮았냐고 물으셨다. 아니, 선생님! 그걸 지금에서야 말씀해주시면 어떡합니까. 이전에는 상황이 얼마나 심각했는지 몰랐기에 나는 **황당했다**.

I got an **ultrasound**. The doctor asked if I was okay to walk around, saying that my **ligament** was seriously injured and it would have been very painful. No, sir! You shouldn't have told me that this late! It was **absurd** for me because I hadn't known how serious my situation was before.

이 병원 의사 선생님께서는 정확히 어떤 인대를 다쳤는지 알지 못했고 딱히 **치료**를 해주지도 않았다. 선생님을 **신뢰하기** 어렵다고 판단한 나는 발만을 **전문적으로** 치료하는 **병원**을 두 곳 더 가봤다.

The doctor could not tell exactly what ligaments were injured, and he didn't give me any special **treatment**. I found it difficult to **trust** him, so I visited two more **hospitals** that **specialize** exclusively in **feet**.

'**양 발로**' 병원의 의사 선생님께서는 내 발목의 인대가 **파열됐다고** 하셨다. 선생님께서는 **구체적으로** 다친 인대가 비골에 **붙어있는** 비골근이라고 알려주셨고, 나는 **깁스**를 하게 되었다.

The doctor at the "**Both Feet**" Hospital said my ligament **was ruptured**. He **specifically** let me know that the name of the injured ligament is peroneus **attached** to the fibula, and I wore a **cast**.

걸을 때마다 다친 부분에 **자극**이 가서, 최대한 덜 움직이기 위해 가까운 거리를 이동할 때에도 **거북이** 속도로 걸어야 했다. 일주일에 한 번씩 멀리 있는 병원에 가서 치료를 받아야 했다. 걸을 때마다 조심해야 해서 **긴장하느라** 피곤했고, 치료비도 **어림잡았던** 것보다 많이 나와서 속이 상했다.

Since my injured part was **irritated** every time I walked, I had to walk at the speed of a **turtle** to move as little as possible, even for travelling short distances. Once a week, I had to go to a hospital far away for treatment. I was tired from walking **nervously**, and I was sad because the cost of treatment was higher than I **estimated**.

하루는 **물리 치료**를 받는데 눈물이 나왔다. 또 다른 날에는 집으로 가는 **언덕길**에서 **눈물이 나왔다.** 보통 집까지 몇 분이면 올라갈 수 있었는데, 시간이 너무 오래걸렸고, 나는 이런 쉬운 일조차 못하게 되었다. 하지만 **그 순간** 그건 **당연한** 일이 아니라는 생각이 들었다.

One day, tears came out of my eyes while I was receiving **physical therapy**. On another day, I **shed tears** on **the hill** on my way home. I could normally have gone up to my house within a few minutes, but it took me so long, and I couldn't do such an easy thing anymore. **At that**

moment, however, the thought hit me that it wasn't something to **take for granted**.

그동안 내가 **건강하게** 돌아 다녔던 건 **축복**이었고 **감사할** 일이었음을 깨달으며 나는 도리어 **감사하는** 마음을 가지게 되었다. 이후, 나는 6 개월 동안 물리 치료와 **재활 치료를** 병행하며 발목의 건강을 **회복했다**.

I realized that it was a **blessing** and something to be **thankful** for that I had been walking around **healthily**, and I became **grateful**. Later, I **recovered** the health of my ankle by physical and **rehabilitation** therapies for six months.

요약 / Summary

나는 운동을 하던 중에 발목에 부상을 입게 되었다. 불편한 걸음으로 간 동네 정형외과는 휴원중이었다. 그래서 나는 옆 동네에 있는 병원에서 진찰을 받았지만 특별한 치료를 받지 못한 채 조심히 걸어 다녔다. 며칠이 지나도 발의 상태가 나아지지 않자 나는 더 큰 병원으로 옮겼다. 그곳에서 나는 발의 인대가 파열되어 심각한 상태임을 알게 되고 충격을 받았다. 6 개월간의 치료 끝에 발을 완치했다.

I got an ankle injury while exercising. The local orthopedic surgeon, where I visited after an uncomfortable walk, was on leave. I walked carefully without any special treatment after seeing a doctor at a hospital in the next town. I moved to a bigger hospital as the ankle didn't get better after a few days. There I was shocked to learn that my ankle's ligament had ruptured and was in a serious condition. After six months of treatment, my ankle was completely healed.

사용된 단어들 / Vocabulary List

- **체육 대항전**: athletic competition
- **체육관**: gym
- **연습**: practice
- **별명**: nickname
- **농구**: basketball
- **그물망**: net
- **멀리서**: from afar
- **상대편 선수**: opposing player
- **(발로) 차다**: kick
- **발목**: ankle
- **눈을 감다**: close one's eyes
- **떨어지다**: fall
- **참여하다**: participate in
- **나아지다**: improve
- **상태**: condition
- **정형외과**: orthopedic hospital
- **여름 휴가**: summer vacation
- **닫다**: close
- **팻말**: sign
- **가는 날이 장날이다**: You never know your luck
- **거리**: distance
- **멀리**: far
- **그 외의 다른 조치**: any other actions
- **다친**: injured
- **경미한**: minor
- **아프다**: hurt
- **잘못된**: wrong
- **초음파**: ultrasound
- **인대**: ligament
- **황당한**: absurd
- **치료**: treatment
- **신뢰하다**: trust
- **병원**: hospital
- **전문으로 하다**: specialize
- **발**: foot
- **양 발**: both feet
- **파열된**: ruptured
- **구체적으로**: specifically
- **붙어있는**: attached
- **깁스**: cast
- **자극된**: irritated
- **거북이**: turtle
- **긴장하여**: nervously

- **어림잡다**: estimated
- **눈물이 나오다**: shed tears
- **물리치료**: physical therapy
- **언덕**: hill
- **중간에**: amid
- **그 순간**: at that moment
- **~을 당연하게 여기다**: take something for granted
- **축복**: blessing
- **감사하는**: thankful, grateful
- **건강한**: healthy
- **재활치료**: rehabilitation
- **회복하다**: recover

문제 / Questions

1. 위 글에서 글쓴이가 발을 다치게 된 운동 경기는 무엇입니까?

   a. 농구

   b. 축구

   c. 야구

   d. 배드민턴

2. 내가 동네에 있는 정형외과에 가지 않은 이유는?

   a. 근무하는 의사선생님이 실력이 없어서

   b. 병원이 휴가라 운영을 안 해서

   c. 발을 전문으로 진료하는 곳이 아니라서

   d. 언덕 위에 있어서

3. 나는 발을 치료받기 위해 총 몇 군데의 병원을 다녀봤습니까?

   a. 한 곳

   b. 두 곳

   c. 세 곳

   d. 네 곳

4. 나의 발은 어떤 상태였습니까?

   a. 심각하지 않았다

   b. 골절이 있었다

   c. 멍이 들었다

   d. 인대가 파열되었다

5. 어느 정도의 시간이 지난 후에야 다친 곳이 완쾌되었습니까?

    a. 1 개월

    b. 3 개월

    c. 6 개월

    d. 1 년

정답 / Answers

1. A - Basketball.

2. B - Because the hospital was closed due to vacation.

3. C - Three hospitals.

4. D - The ligament was ruptured.

5. C - 6 months.

CHAPTER 18

F1 – 상/ Formula One – Part One

세계에서 가장 빠른 자동차들이 펼치는 **경주를** 아시나요? 바로 F1 입니다. F1 은 **국제** 자동차 **프로** 레이싱 **대회로, 공식** 명칭인 FIA Formula One World Championship **의 약자입니다.**

F1 은 세계 3 대 스포츠 중 하나라고도 **불릴** 정도로 그 **인기와 규모가 엄청납니다. 그랑프리가 개최되면** 200 개국에서 **생중계되며 시청자가 6 억명에** 달합니다. F1 드라이버로 **성공할** 경우, 그 드라이버 (아직 **괄목할만한** 성공을 거둔 여성 드라이버가 없으므로, 이후로는 '그'로만 표시)는 **국가적 행사에** 최고 **지도자**로부터 **초청을 받거나** 올림픽 개막식에서 오륜기를 드는 **위상을 얻게** 됩니다. **관중은** 그랑프리 하나 당 **평균** 6~15 만 명이 **모이며** 시즌 **전체로는** 100 만 명이 모입니다.

수십억원에서 수백억원의 **연봉을** 받는 F1 드라이버들의 인기는 엄청납니다. **현재** F1 에서 가장 많은 연봉을 받는 드라이버는 루이스 해밀턴으로 2019 년 기준 600~700 억원을 **벌었다고** 합니다. 그보다 더 연봉을 많이 받는 스포츠 스타는 메이웨더나 메시 정도입니다.

F1 드라이버가 되는 것은 엄청난 **체력을 요구하기에** 선수들 중에는 젊은이가 많으며, 이중에 **영화배우** 못지않은 외모를 가진 드라이버는 여성 팬들의 **우상이** 되기도 합니다.

그렇다면 F1 드라이버로 **데뷔하는** 방법은 무엇일까요? **기본적으로 실력과 돈이** 모두 있어야 하고, 엄청난 **운도** 따라줘야 합니다. 선수들은 5 살 전후로 고카트를 타기 **시작하며** 이후 F4 나 주니어 포뮬러를 **타게** 됩니다. 여기에서 **두각을 나타내면** F3 선수가 됩니다. 그러나 F3 부터는 **연간 예산이** 1 억원에 달하기 때문에 **부자가** 아니거나 **후원자를** 얻지 못하면 한 **경기를** 출전하기도 벅차게 됩니다.

F3 부터는 선수들 **사이에 피 튀기는 경쟁이** 일어나며, 여기에서 좋은 성적을 내야만 F2 에 출전할 **자격을 얻습니다.** F2 부터는 당장 F1 에 출전해도 손색이 없는 훌륭한 드라이버가 포진해 있기에 **실력과** 함께 엄청난 운이 따라주어야만 F1 출전이 가능해집니다. 이렇게 **매 시즌 엄청난** 경쟁을 뚫고 평균 20~22 명이 F1 드라이버가 됩니다.

F1 드라이버가 되려면 **신체적으로도 특출나야** 합니다. F1 차의 운전석은 **전투 비행기처럼 조종석**이라고 불립니다. 드라이버들은 조종석에 거의 **누운 자세로** 약 2 시간 동안 **운전에 집중해야** 합니다. 주행 중 조종석의 온도는 최소 40~50 도에 **달합니다.** 후안 파블로 몬토라는 레이서는 주행 중에 **내부** 온도 **과열로** 엉덩이에 **화상을 입은** 적도 있습니다.

더 **견디기 힘든** 것은, 레이싱카들이 평균 시속 250~300km 로 달릴 때 **발생하는 중력 가속도**입니다. 드라이버들은 중력의 5 배인 5G 에 해당하는 힘을 받으며 경기를 펼칩니다. **참고로,** 우리들이 롤러코스터를 타고 **비명을 지를** 때의 **압력이** 2G 이고, 압력이 3.5G 가 넘으면 **일반인은 혈액 순환 장애로 의식을** 잃습니다.

또한 **평상시에** 60-70 인 **맥박이** 주행 도중에 170 으로 **치솟는데,** F1

드라이버들은 이 **상태를** 1 시간 이상 **유지할** 수 있습니다. F1 드라이버들이 핸들을 조작하는 데 필요한 힘은 약 20kg 정도의 **물체를 드는** 힘과 **맞먹습니다**.

드라이버들은 한 경기당 브레이크와 엑셀러레이터 페달을 2400 번 밟고, 기어 변속을 1500 번 하며, **약** 1 만 가지를 **조작해야** 합니다. 이런 **가혹한** 환경에서 90 분간 레이스를 치르고 나면, 드라이버들의 몸무게는 보통 3kg **가량**이 **줄어든다고 합니다.**

F1 – 상/ Formula One – Part One

세계에서 가장 빠른 자동차들이 펼치는 **경주**를 아시나요? 바로 F1 입니다. F1 은 **국제** 자동차 **프로** 레이싱 **대회**로, **공식** 명칭인 FIA Formula One World Championship **의 약자입니다**.

Do you know the **race** of the **world's fastest cars**? It's F1. F1 is an **international, professional** automobile racing **competition, short for** the **official** name FIA Formula One World Championship.

F1 은 세계 3 대 스포츠 중 하나라고도 **불릴** 정도로 그 **인기**와 **규모가 엄청납니다.** **그랑프리가 개최되면** 200 개국에서 **생중계되며 시청자가 6 억명에** 달합니다. F1 드라이버로 **성공할** 경우, 그 드라이버 (아직 **괄목할만한** 성공을 거둔 여성 드라이버가 없으므로, 이후로는 '그'로만 표시)는 **국가적 행사에** 최고 **지도자**로부터 **초청을 받거나** 올림픽 개막식에서 오륜기를 드는 **위상을 얻게** 됩니다. **관중은** 그랑프리 하나 당 **평균** 6~15 만 명이 **모이며** 시즌 **전체로는** 100 만 명이 모입니다.

F1 is so **popular** and **huge** that it **is** also **called** one of the world's top three sports. When the **Grand Prix is held**, it **is broadcast live** in 200 countries, with **600 million viewers**. If one **succeeds** as an F1 driver, the driver (we'll say 'he' hereafter, since none of the female drivers has had a **notable** success yet) will **be invited** to a **national event** by a top **leader**, or he will **be honored** to the point of carrying the Olympic flag at the opening ceremony of the Olympic Games. An **average** of 60,000 to 150,000 **spectators gather** per Grand Prix, and a million people gather over the **entire** season.

수십억원에서 수백억원의 **연봉을** 받는 F1 드라이버들의 인기는 엄청납니다. **현재** F1 에서 가장 많은 연봉을 받는 드라이버는 루이스 해밀턴으로 2019 년 기준 600~700 억원을 **벌었다고** 합니다. 그보다 더 연봉을 많이 받는 스포츠 스타는 메이웨더나 메시 정도입니다.

F1 drivers, who earn billions of dollars in **annual salary**, are very popular. **Currently**, the highest-paid driver in F1 is Lewis Hamilton, who **earned** between 60 billion won and 70 billion won as of 2019. Mayweather and Messi are the only sports stars who get paid more than him.

F1 드라이버가 되는 것은 엄청난 **체력을 요구하기에** 선수들 중에는 젊은이가 많으며, 이중에 **영화배우** 못지않은 외모를 가진 드라이버는 여성 팬들의 **우상이** 되기도 합니다.

Being an F1 driver **requires** a lot of **physical strength**, so there are many young people among the players, and a driver who looks like a **movie star** becomes an **idol** for female fans.

그렇다면 F1 드라이버로 **데뷔하는** 방법은 무엇일까요? **기본적으로** **실력**과 **돈**이 모두 있어야 하고, 엄청난 **운**도 따라줘야 합니다. 선수들은 5 살 전후로 고카트를 타기 **시작하며** 이후 F4 나 주니어 포뮬러를 **타게** 됩니다. 여기에서 **두각을 나타내면** F3 선수가 됩니다. 그러나 F3 부터는 **연간 예산이** 1 억원에 달하기 때문에 **부자가** 아니거나 **후원자를** 얻지 못하면 한 **경기를** 출전하기도 벅차게 됩니다.

Then, how do you **debut** as an F1 driver? **Basically**, you have to have both **ability** and **money**, and you also have to have a lot of **luck**. Drivers **begin** to **drive** go-karts around the age of five and then F4 or Junior Formula. If you **stand out**, you will become an F3 player. But starting with F3, the **annual budget** is 100 million won, so if you're not **rich** or don't get a **sponsor**, you'll have a hard time driving one **race**.

F3 부터는 선수들 **사이에 피 튀기는 경쟁**이 일어나며, 여기에서 좋은 성적을 내야만 F2 에 출전할 **자격을 얻습니다**. F2 부터는 당장 F1 에 출전해도 손색이 없는 훌륭한 드라이버가 포진해 있기에 **실력과**

함께 엄청난 운이 따라주어야만 F1 출전이 가능해집니다. 이렇게 **매 시즌 엄청난** 경쟁을 뚫고 평균 20~22 명이 F1 드라이버가 됩니다.

Starting with F3, there will be **cutthroat competition among** drivers, and only if they do well, will they **qualify** for F2. F2 has many great drivers who can compete in F1 right away, so you have to have great luck as well as **ability** in order to be an F1 driver. An average of 20 to 22 people become F1 drivers **each season**, overcoming **enormous** competition.

F1 드라이버가 되려면 **신체적으로도 특출나야** 합니다 합니다. F1 차의 운전석은 **전투 비행기**처럼 **조종석**이라고 불립니다. 드라이버들은 조종석에 거의 **누운 자세**로 약 2 시간 동안 **운전에 집중해야** 합니다. 주행 중 조종석의 온도는 최소 40~50 도에 **달합니다**. 후안 파블로 몬토라는 레이서는 주행 중에 **내부** 온도 **과열**로 엉덩이에 **화상을 입은** 적도 있습니다.

To be an F1 driver, you have to be **physically exceptional**. The driver's seat of the F1 racing car is called the **cockpit**, just like the one in a **combat plane**. Drivers must **focus on driving** for about two hours in one **position**, almost **lying** in the cockpit. While driving, the temperature of the cockpit **reaches** a minimum of 40 to 50 degrees. A racer named Juan Pablo Montoya once **burned** his buttocks due to the **overheating** of the **internal** temperature.

더 **견디기 힘든** 것은, 레이싱카들이 평균 시속 250~300km 로 달릴 때 **발생하는 중력 가속도**입니다. 드라이버들은 중력의 5 배인 5G 에 해당하는 힘을 받으며 경기를 펼칩니다. **참고로**, 우리들이 롤러코스터를 타고 **비명을 지를** 때의 **압력**이 2G 이고, 압력이 3.5G 가 넘으면 **일반인**은 **혈액 순환 장애**로 **의식**을 잃습니다.

What's more **unbearable** is the **gravity acceleration** that **occurs** when racing cars run at an average speed of 250 to 300 kilometers per hour. Drivers compete under a force equal to 5G, which is five times Earth's normal gravity. **For your information**, when we **scream** on roller coasters, the **pressure** is 2G, and if the pressure is over 3.5G, **the average person** loses **consciousness** due to a **blood circulation disorder**.

또한 **평상시에** 60-70 인 **맥박**이 주행 도중에 170 으로 **치솟는데,** F1 드라이버들은 이 **상태를** 1 시간 이상 **유지할** 수 있습니다. F1 드라이버들이 핸들을 조작하는 데 필요한 힘은 약 20kg 정도의 **물체를 드는** 힘과 **맞먹습니다.**

Also, the drivers' **heart rate**, which is **usually** at 60-70 BPM, **rises** to 170 BPM during driving, and they can **remain** in this **state** for more than an hour. The force required for F1 drivers to operate the steering wheel **is equivalent to** that of **lifting** an **object** weighing about 20 kg.

드라이버들은 한 경기당 브레이크와 엑셀러레이터 페달을 2400 번 밟고, 기어 변속을 1500 번 하며, **약** 1 만 가지를 **조작해야** 합니다. 이런 **가혹한** 환경에서 90 분간 레이스를 치르고 나면, 드라이버들의 몸무게는 보통 3kg **가량이 줄어든다고 합니다.**

Drivers will have to press the brakes and accelerator pedal 2,400 times, change gears 1,500 times, and **manipulate about** 10,000 things per race. **It is said that** drivers usually **lose about** 3 kg after a 90-minute race in this **harsh** environment.

요약 / Summary

F1 은 세계에서 가장 빠른 자동차를 가리는 경주입니다. 전 세계에서 가장 실력있는 20-22 명만이 F1 드라이버가 될 수 있습니다. 한 시즌당 100 만 명의 관중이 관람을 하는 F1 에서 성공할 경우 많은 부와 명예, 인기를 누리게 됩니다. 그러나 그만큼 F1 드라이버가 되기는 쉽지 않습니다. 엄청난 경쟁에서 이겨야 하며 운도 좋아야 합니다. 또한 고된 레이싱 환경을 견디기 위해 신체적으로도 아주 튼튼해야 합니다.

F1 is a race that determines which car is the fastest in the world. Only 20-22 of the most talented people in the world can become F1 drivers. If you succeed in F1 with 1 million spectators per season, you will have a lot of wealth, honor and popularity. However, it is not easy to be an F1 driver. You have to win a huge competition and be lucky. Also, you have to be physically very strong to withstand the tough racing environment.

사용된 단어들 / Vocabulary List

- **세계에서 가장 빠른**: world's fastest
- **자동차**: car
- **경주**: race
- **국제적인**: international
- **프로**: professional
- **대회, 경쟁**: competition
- **공식**: official
- **~의 약자인, 약어인**: short for something
- **인기 있는**: popular
- **규모가 큰**: huge
- **불리다**: be called
- **그랑프리**: Grand Prix
- **개최되다**: be held
- **생중계되다**: be broadcast live
- **시청자**: viewer
- **6 억명**: 600 million
- **괄목할만한**: notable
- **성공하다**: succeed
- **초청을 받다**: be invited
- **국가적 행사**: national event
- **지도자**: leader

- **위상을 얻다**: be honored
- **평균**: average
- **관중**: spectator
- **모이다**: gather
- **전체의**: entire
- **연봉**: annual salary
- **현재**: currently
- **벌다**: earn
- **영화배우**: movie star
- **요구하다**: require
- **체력**: physical strength
- **우상**: idol
- **데뷔하다**: debut
- **기본적으로**: basically
- **실력, 능력**: ability
- **돈**: money
- **운**: luck
- **시작하다**: begin
- **타다**: ride
- **두각을 나타내다**: stand out
- **연간**: annual
- **예산**: budget
- **부자인**: rich

233

- **후원자**: sponsor
- **경기, 경주**: race
- **피 튀기는 경쟁**: cutthroat competition
- **사이에**: among
- **자격을 부여하다**: qualify
- **실력**: ability
- **매 시즌**: each season
- **엄청난**: enormous
- **신체적으로 특출난**: physically exceptional
- **조종석**: cockpit
- **전투 비행기**: combat plane
- **누워있는**: lying
- **자세**: position
- **~하는 데에 집중하다**: focus on ~ing
- **운전하다**: drive
- **(도)달하다**: reach
- **화상을 입다**: burn
- **과열**: overheating
- **내부의**: internal
- **견디기 힘든**: unbearable
- **중력가속도**: gravity acceleration
- **발생하다**: occur
- **참고로**: for your information
- **비명(지르다)**: scream
- **압력**: pressure
- **일반인**: the average person
- **혈액 순환**: blood circulation
- **장애**: disorder
- **의식**: consciousness
- **맥박**: heart rate
- **평상시에**: usually
- **치솟다**: rise
- **유지하다**: remain
- **상태**: state
- **~와 맞먹다**: be equivalent to
- **물체**: object
- **들다**: lift
- **조작하다**: manipulate
- **가혹한**: harsh
- **몸무게가 줄다**: lose (weight)
- **~ 가량, 약**: about
- **~라고 합니다**: It is said that

234

문제 / Questions

1. 다음중 F1 대회의 특징으로 옳지 않은 것은?

   a. 시즌 전체로 15 만명의 관중이 모인다

   b. 세계 3 대 스포츠 중 하나로 불리기도 한다

   c. 그랑프리를 200 개 나라에서 생중계한다

   d. 시청자가 6 억명에 달한다

2. 다음 중 세계 최고 F1 드라이버에 대한 진술로 적절하지 않은 것은?

   a. 연봉을 수백억 받는다.

   b. 여자들에게는 인기가 별로 없다

   c. 대통령에게 초대를 받게 된다

   d. 올림픽에서 횃불을 들고 달리게 된다

3. 루이스 해밀턴, 메이웨더, 메시의 공통점으로 언급된 것은?

   a. 구기 종목 선수다

   b. 결혼을 했다

   c. 연봉을 많이 받는다

   d. 체력 단련을 많이 한다

4. F1 드라이버가 되기 위한 단계로 언급되지 않은 것은?

   a. 고카트

   b. 주니어 포뮬러

   c. F3

   d. 위의 선택지 중 답이 없음

5. 훈련받지 않은 일반인이 주행중인 F1 차를 탈 경우 일어날 수 있는 일을 추론하면?

   a. 엄청난 속도에 고개가 뒤로 젖혀진다
   b. 비명을 지른다
   c. 의식을 잃을지도 모른다
   d. 위의 세 가지 모두

정답 / Answers

1. A - 150,000 spectators gather for the entire season.

2. B - He is not very popular with women.

3. C - They get a good salary.

4. D - None of the above.

5. D - All three above.

CHAPTER 19

F1 – 중/ Formula One – Part Two

이런 연유로 F1 드라이버들은 거의 매일 **운동을 해**야하며, 어떤 날은 하루에 **두 번**도 운동을 합니다. **목** 운동은 **필수**인데, **최상위** 드라이버들은 목 근육만으로 40kg 무게를 **들어올릴** 수 있다고 합니다. 또한 드라이버들은 **운전대를 조종하기** 위해 **가슴 근육과 팔 근육을 강화시키고**, 페달을 밟기위해 코어 근육과 **다리** 근육도 **단련합니다.**

F1 드라이버들은 **동체 시력도 뛰어납니다**. 그들은 50cm 앞에 있는 **계기판**을 보다가도 **순식간에** 100m 전방으로 눈을 **돌려야** 하며, 눈 **깜박이는** 속도와 **비슷한** 1 초 안에 3~5 줄의 **지시문**을 읽을 수 있습니다. 미하엘 슈마허는 경주 차를 몰면서 대형 TV 화면에 나오는 라이벌의 **주행** 모습은 물론이고 **자막으로 처리된** 현재 **기록**도 읽을 수 있었다고 합니다.

F1 드라이버는 **경쟁자를 추월하기** 위해 **민첩성, 순간 판단력,** 때로는 **위험을 감수하는 담력**을 발휘합니다. 그들은 **방호벽**이 눈 앞에 다가와도 브레이크를 최대한 늦게 밟고, 모든 **상황**을 0.5 초 **이내에 파악해 작전을 실행합니다.**

20 년 전만 해도, 드라이버들이 **사고**로 **사망하는** 일도 있었지만,

다행히 이후 차의 **안전성을 개선하면서** 이제는 차체가 **뒤집히거나** 불이 붙어도 드라이버는 안전할 수 있습니다.

그렇다면 F1 경주 차 한대의 가격은 얼마일까요? 레드불에 따르면 약 100 억 원이라고 합니다. 이는 대한민국 **전차** 중 비싼 편에 해당하는 신형 탱크, K-2 흑표와 맞먹는 **가격**입니다. 경주 차가 **박살이 나는** 경우에 다시 차를 만들려면 100 억원이 다시 **투자되며**, 드라이버의 연봉과 **수송비**, 기름 값, 기타 **비용까지 더하면** 3500 억원이 **든다고** 합니다.

포뮬러 원은 규모가 굉장히 큰 스포츠이며 투입되는 스태프가 많습니다. **예를 들어**, 메르세데스 팀은 인원이 약 1600 명입니다. 그 중 레이스팀은 100 명 정도로, **세계를 일주하며** 서킷에서 경기를 치릅니다. **나머지** 팀원들 대부분은 유럽 각지에 있는 팀의 공장에서 **원격으로** 정보를 주고 받으며 일을 합니다.

포뮬러 원 차들은 평균 55 **바퀴를** 도는 동안 **적어도** 한 번은 의무적으로 피트스탑을 하게 되어 있습니다. 피트에는 드라이버를 **지원하는 감독**과 **정비사** 등의 피트 크루 20 여 명이 상시 대기하고 있습니다. 0.001 초를 다투는 **치열한** 레이스이기 때문에 다른 모터스포츠에 비해 피트 크루의 인원이 많습니다. 피트스탑의 최단 기록은 타이어 네 개를 1.82 **초** 만에 모두 **교체한** 것입니다.

기본적으로 크루 세 명이 타이어 하나를 교체하며, 이 짧은 순간을 위해 크루들은 수시로 피트스탑 **연습을 합니다. 특히** 타이어를 빼고 끼우는 크루는 보통 **몸이 좋은데**, 상당수가 **전직 운동선수** 출신입니다.

한국에서는 전라남도 영월에서 2010 년 10 월에 처음으로 F1

그랑프리가 열렸습니다. 개최 **장소**인 트랙의 **공식** 명칭은 코리아 인터내셔널 서킷입니다.

이 서킷은 평상시에 3.045km 길이의 상설서킷으로 **운영되다가** 그랑프리 시즌에는 **주변** 도로를 **연결해** 5.454km 의 **국제 규격** 서킷이 됩니다. 주행 방향이 **시계 반대 방향이라 희소성이** 있으며, 긴 직선로와 17 개의 코너가 있습니다.

F1 – 중/ Formula One – Part Two
with Translation

이런 연유로 F1 드라이버들은 거의 매일 **운동을 해**야하며, 어떤 날은 하루에 **두 번**도 운동을 합니다. **목** 운동은 **필수**인데, **최상위** 드라이버들은 목 근육만으로 40kg 무게를 **들어올릴** 수 있다고 합니다. 또한 드라이버들은 **운전대를 조종하기** 위해 **가슴 근육**과 **팔 근육**을 **강화시키고**, 페달을 밟기위해 코어 근육과 **다리** 근육도 **단련합니다**.

This is why F1 drivers have to **exercise** almost every day, and some days they work out **twice** a day. **Neck** exercise is **a must**, and **top-level** drivers can **lift** 40kg with only their neck muscles. They also have to **strengthen** the **chest** and **arm muscles,** used for **controlling** the **steering wheel,** and **train** the core and **leg** muscles.

F1 드라이버들은 **동체 시력도 뛰어납니다**. 그들은 50cm 앞에 있는 **계기판**을 보다가도 **순식간에** 100m 전방으로 눈을 **돌려야** 하며, 눈 **깜박이는** 속도와 **비슷한** 1 초 안에 3~5 줄의 **지시문**을 읽을 수 있습니다. 미하엘 슈마허는 경주 차를 몰면서 대형 TV 화면에 나오는 라이벌의 **주행** 모습은 물론이고 **자막으로 처리된** 현재 **기록**도 읽을 수 있었다고 합니다.

F1 drivers also have **excellent dynamic visual acuity**. They're looking at the **dashboard** 50 centimeters ahead, and they have to **turn** to 100 meters **in an instant**, and they can read three to five lines of **instructions** in a second, **similar** to the time taken by the **blink** of an eye. Michael Schumacher has said that he could read not only the **driving** of his rival on the big TV screen but also the **subtitled** current **record**.

F1 드라이버는 **경쟁자를 추월하기** 위해 **민첩성**, **순간 판단력**, 때로는

위험을 감수하는 담력을 발휘합니다. 그들은 방호벽이 눈 앞에 다가와도 브레이크를 최대한 늦게 밟고, 모든 상황을 0.5 초 이내에 파악해 작전을 실행합니다.

F1 drivers use **agility**, **instantaneous judgment**, and sometimes **risk-taking courage** to **overtake competitors**. They apply the brakes as late as possible when the **barrier** is close to their car, and **identify** all **situations** and **execute maneuvers** to resolve them **within** 0.5 seconds.

20 년 전만 해도, 드라이버들이 **사고로 사망하는** 일도 있었지만, **다행히** 이후 차의 **안전성을 개선하면서** 이제는 차체가 **뒤집히거나** 불이 붙어도 드라이버는 안전할 수 있습니다.

20 years ago, drivers used to **die** in **accidents**; **fortunately**, the **safety** of the car has been **enhanced**, and now drivers can be safe even if the car is **turned over** or catches on fire.

그렇다면 F1 경주 차 한대의 가격은 얼마일까요? 레드불에 따르면 약 100 억 원이라고 합니다. 이는 대한민국 **전차** 중 비싼 편에 해당하는 신형 탱크, K-2 흑표와 맞먹는 **가격**입니다. 경주 차가 **박살이 나는** 경우에 다시 차를 만들려면 100 억원이 다시 **투자되며**, 드라이버의 연봉과 **수송비**, 기름 값, 기타 **비용까지 더하면** 3500 억원이 **든다고** 합니다.

Then, how much does an F1 race car cost? According to Red Bull, it is about 10 billion won ($8.2 million). Its **price** is equivalent to that of the K2 Black Panther, which is a quite expensive model among the Korean **tanks** because it is recently made. If a race car **breaks down**, 10 billion won will **be invested** to make the car again, and it will **cost** 350 billion won if the driver's salary, **transportation**, gas, and other **expenses** are **added**.

포뮬러 원은 규모가 굉장히 큰 스포츠이며 투입되는 스태프가 많습니다. **예를 들어**, 메르세데스 팀은 인원이 약 1600 명입니다. 그 중 레이스팀은 100 명 정도로, **세계를 일주하며** 서킷에서 경기를 치릅니다. **나머지** 팀원들 대부분은 유럽 각지에 있는 팀의 공장에서 **원격으로** 정보를 주고 받으며 일을 합니다.

Formula One is a very large sport and requires a lot of staff. **For example**, the Mercedes team has about 1,600 people. Among them, the race team plays on the circuit, **traveling around the world** with 100 members. Most of the **rest** of the team works **remotely** at the team's factory in all parts of Europe.

포뮬러 원 차들은 평균 55 **바퀴를** 도는 동안 **적어도** 한 번은 의무적으로 피트스탑을 하게 되어 있습니다. 피트에는 드라이버를 **지원하는 감독**과 **정비사** 등의 피트 크루 20 여 명이 상시 대기하고 있습니다. 0.001 초를 다투는 **치열한** 레이스이기 때문에 다른 모터스포츠에 비해 피트 크루의 인원이 많습니다. 피트스탑의 최단 기록은 타이어 네 개를 1.82 **초** 만에 모두 **교체한** 것입니다.

Formula One cars are required to perform a pit stop **at least** once during an average of 55 **laps**. There are about 20 pit crews in a pit, including **directors** and **technicians**, who **support** drivers in a constant state of alertness. Because of the **fierce** race against time, in which fighting for 0.001 seconds is important, the number of people in a pit crew is higher than other motorsports. The shortest record for a pit stop is 1.82 **seconds** to **replace** all four tires in.

기본적으로 크루 세 명이 타이어 하나를 교체하며, 이 짧은 순간을 위해 크루들은 수시로 피트스탑 **연습을 합니다**. **특히** 타이어를 빼고 끼우는 크루는 보통 **몸이 좋은데**, 상당수가 **전직 운동선수** 출신입니다.

Basically, three crew members replace each tire, and to achieve this fast time, they **practice** from time to time. **In particular**, the crew in charge of carrying the tire is usually **in good shape**, and many of them are **former athletes**.

한국에서는 전라남도 영월에서 2010 년 10 월에 처음으로 F1 그랑프리가 열렸습니다. 개최 **장소**인 트랙의 **공식** 명칭은 코리아 인터내셔널 서킷입니다.

In Korea, the first F1 Grand Prix was held in Yeongwol, Jeollanam-do in October 2010. The **official** name of the track, the **venue** of the event, is the Korea International Circuit.

이 서킷은 평상시에 3.045km 길이의 상설서킷으로 **운영되다가** 그랑프리 시즌에는 **주변** 도로를 **연결해** 5.454km 의 **국제 규격** 서킷이 됩니다. 주행 방향이 **시계 반대 방향이라 희소성이** 있으며, 긴 직선로와 17 개의 코너가 있습니다.

The circuit **is** normally **operated** as a 3.045 km-long permanent circuit, but during the Grand Prix season, it **connects** the **surrounding** roads and becomes an **international standard** circuit of 5.454km. The circuit is **rare** because it has a **counterclockwise** direction and has a long straight line and 17 corners.

요약 / Summary

F1 드라이버들은 운동으로 레이싱에 맞는 몸을 만들어가야 하며 대담함, 민첩성, 순간 판단력도 키워가야 합니다. F1 차 한 대의 가격은 무척 비싸며, 차 한 대를 지원하는 팀의 인원도 무척 많습니다. 초를 다투는 경기이기에 피트 크루들은 수시로 타이어를 교체하는 연습을 합니다. 한국에서는, 영암에서 그랑프리가 2010 년에 개최되었습니다.

F1 drivers need to work out to build bodies that suit racing, and they need to develop boldness, agility, and instantaneous judgment as well. One F1 car is very expensive, and there are a lot of team members that support it. Since every second counts, pit crews often practice changing tires. In Korea, the Grand Prix was held in Yeongam in 2010.

사용된 단어들 / Vocabulary List

- **이런 연유로**: this is why
- **운동하다**: exercise, work out
- **두 번**: twice
- **목**: neck
- **필수**: must
- **최상위의**: top
- **들어올리다**: lift
- **조종하다**: control
- **운전대**: steering wheel
- **가슴**: chest
- **팔**: arm
- **근육**: muscle
- **강화시키다**: strengthen
- **다리**: leg
- **단련하다**: train
- **뛰어난**: excellent
- **동체 시력**: dynamic visual acuity
- **계기판**: dashboard
- **순식간에**: in an instant
- **돌려야** turn
- **깜박이다**: blink
- **비슷한**: similar

- **지시문**: instructions
- **주행**: driving
- **자막 처리된**: subtitled
- **기록**: record
- **판단하다**: judge
- **추월하다**: overtake
- **민첩성**: agility
- **순간판단력**: instantaneous judgment
- **위험을 감수하는 담력**: risk-taking courage
- **경쟁자**: competitor
- **방호벽**: barrier
- **상황**: situation
- **파악하다**: identify
- **작전을 실행하다**: execute maneuver
- **이내에**: within
- **사고**: accidents
- **사망하다**: die
- **다행히**: fortunately
- **안전성**: safety
- **개선시키다**: enhance
- **뒤집다**: turn over

- **가격**: price
- **전차**: tank
- **박살나다, 고장나다**: breaks down
- **투자되다**: be invested
- **수송**: transportation
- **비용**: expenses
- **더하다**: added
- **비용이 들다**: cost
- **예를 들어**: for example
- **세계를 일주하며**: traveling around the world
- **나머지**: rest
- **원격으로**: remotely
- **적어도**: at least
- **바퀴**: lap
- **감독**: director
- **정비사**: technician
- **지원하다**: support
- **치열한**: fierce
- **교체하다**: replace
- **초**: second
- **연습하다**: practice
- **특히**: in particular
- **몸이 좋은**: in good shape
- **전직 운동선수**: former athlete
- **공식적인**: official
- **장소**: venue
- **운영되다**: be operated
- **연결하다**: connect
- **주변의**: surrounding
- **국제 규격**: international standard
- **시계 반대 방향의**: counterclockwise
- **희소한**: rare

문제 / Questions

1. 다음 중 F1 드라이버가 다른 운동선수에 비해 열심히 강화하는 근육은?

   a. 목 근육

   b. 팔 근육

   c. 코어 근육

   d. 다리 근육

2. 다음 중 F1 드라이버가 잘 할 수 있을 것 같은 일은?

   a. 뺑소니 치고 빠르게 도망치는 자동차의 번호판을 읽는다

   b. 누군가 세 개의 컵 중 하나에만 동전을 숨기고 빠르게 섞었을 때 동전을 쉽게 찾는다

   c. 핸드폰으로 게임을 하는 동시에 뉴스에 나오는 헤드라인을 파악한다

   d. 위의 세 가지 모두

3. 다음 중 위 글에 근거할 때 F1 에 대해 옳은 설명은?

   a. 20 년 전에는 레이싱 중에 사고가 없었다

   b. 요즘은 차가 뒤집히면 드라이버가 크게 다친다

   c. 차 한 대의 값이 탱크 가격을 호가한다

   d. 차 한 대를 지원하는 피트 크루는 천명 이상이다

4. F1 피트 스탑에 대해 옳지 않은 설명은?

   a. 타이어를 맡은 크루는 운동선수 출신이 많다

   b. 다른 모터스포츠에 비해 피트 크루 인원이 적다

    c. 타이어 최단 교체 기록은 2 초 이하다

    d. 피트스탑은 선택이 아닌 의무다

5. 다음 중 코리아 인터내셔널 서킷에 대해 올바로 추론하지 못한 것은?

    a. 한국에서 최초로 F1 그랑프리가 열린 장소다

    b. 평소에는 F1 규격보다 짧다

    c. 서킷 중에는 드문 시계 반대방향이다

    d. 짧은 직선로와 다양한 커브를 지녔다

정답 / Answers

1. A - Neck muscles.

2. D - All three above.

3. C - The price of the racing car equals that of a tank.

4. B - Compared to other motorsports, the number of people on the crew is small.

5. D - It has a short straight line and various curves.

CHAPTER 20

F1 – 하/ Formula One – Part Three

2010 년 경기는 당시 **진행**과 선수진 **숙소** 등이 **부실해 비판을 받았지만 결승전**이 비가 오는 수중전이었고 챔피언을 노리는 드라이버가 4 명이었기에 **전반적으로** 흥미진진한 경기였다는 평가를 받고 있습니다. 이후 영암에서 2013 년까지 매년 그랑프리가 **열렸**으나 그 이후로는 한국에서 열린 경기가 없었습니다.

F1 **주최측**은 한국 그랑프리가 다른 국가에 비해 **수익성**이 좋지 않다는 판단을 내렸고 한국 **대신 석유부국** 중 하나인 아제르바이잔이 그랑프리 **개최국**에 들어가게 되었습니다.

서킷 **건설** 비용 4285 억원을 포함해 대회에 든 총 비용은 8752 억원이었습니다. 수익이 나지 않아 수천억원의 막대한 **빚**이 생겼습니다. 이에 뿔이 난 한 전남 **시민 단체는** 전남지사를 **업무상 배임 혐의**로 **고발하기도** 했습니다.

다행히도 현재 영암의 서킷은 나름 **활발히** 이용되고 있습니다. **국내외**의 레이싱 대회를 열거나, 레저 **스포츠 단지를 조성하고** 다양한 방문자들을 **끌어들이며** 수익을 **창출하고** 있습니다.

레이싱을 현장에서 **직접** 보지 못하더라도, 중계 프로그램을 시청하며 F1 의 열정을 **간접적으로** 느껴볼 수 있습니다. F1 을 **즐기기**

위해 가장 기본적인 사항은 **응원할** 팀이나 드라이버를 정하는 것입니다.

응원할 대상을 정한 후에는 경주 차를 **구별해야** 합니다. 팀마다 경주 차 **고유의** 색상이나 로고가 있으니, 미리 **응원할** 경주 차의 **개성있는** 디자인을 **확인해두면** 됩니다.

다만 **비슷한** 디자인으로 **혼동되는** 팀도 있으니 주의해야 합니다. 한 회사에서 운영하는 자매 팀인 레드불과 토로 로소의 경우가 **대표적인** 경우입니다. 두 회사 경주차는 **언뜻 보기에** 똑같습니다.

F1 에 사용되는 여러 **깃발의 의미**도 알아야 합니다. 경주 차는 색깔이 다른 여러 가지 깃발에 의해 통제를 받는데, 깃발의 의미를 알아야 경기의 **흐름을 파악할** 수 있습니다.

녹색 깃발은 **출발**을 알려줍니다. 레이스 중에는 트랙 위에 **위험한** 상황이 **제거되었으니** 마음껏 달리라는 신호로 쓰입니다. 흑색 깃발은 페널티를 받은 드라이버의 엔트리 넘버와 함께 게시됩니다. 흑색기를 본 드라이버는 3 바퀴 이내에 피트로 들어와 **지시를 따라야** 합니다.

청색 깃발은 **뒤에 추월을** 시도하는 더 빠른 경주 차가 있다는 사실을 알려줍니다. 보통 선두권에 한 바퀴 이상 뒤진 하위차를 대상으로 합니다. 청색기를 본 드라이버는 **뒤차**가 추월하도록 길을 내주어 사고 위험을 **줄이는** 것이 **불문율**입니다. 체커 깃발은 모든 랩을 다 돌았다는 의미로, 가장 먼저 체크 깃발을 받는 드라이버가 그 날의 **우승자**입니다.

기회가 된다면 영암이나 그랑프리가 열리는 나라로 레이싱 경기를 보러 떠나보세요. 물론 TV 를 통해 즐겨도 좋습니다!

F1 – 하/ Formula One – Part Three
with Translation

2010 년 경기는 당시 **진행**과 선수진 **숙소** 등이 **부실해 비판을 받았지만 결승전**이 비가 오는 수중전이었고 챔피언을 노리는 드라이버가 4 명이었기에 **전반적으로** 흥미진진한 경기였다는 평가를 받고 있습니다. 이후 영암에서 2013 년까지 매년 그랑프리가 **열렸**으나 그 이후로는 한국에서 열린 경기가 없었습니다.

The 2010 race was **criticized** for its **poor progress** and athletes' **accommodations**, but since it rained at the time of the **final match** and there were four drivers aiming for the championship, the race was considered to be exciting **overall**. The Grand Prix **was held** in Yeongam every year until 2013, but since then, the event has not been held in Korea.

F1 **주최측**은 한국 그랑프리가 다른 국가에 비해 **수익성**이 좋지 않다는 판단을 내렸고 한국 **대신 석유부국** 중 하나인 아제르바이잔이 그랑프리 **개최국**에 들어가게 되었습니다.

The F1 **organizers** decided that the Korean Grand Prix was less **profitable** than other countries, and Azerbaijan, one of the **oil-rich countries**, became the Grand Prix **host country instead of** Korea.

서킷 **건설** 비용 4285 억원을 포함해 대회에 든 총 비용은 8752 억원이었습니다. 수익이 나지 않아 수천억원의 막대한 **빚**이 생겼습니다. 이에 뿔이 난 한 전남 **시민 단체는** 전남지사를 **업무상 배임 혐의**로 **고발하기도** 했습니다.

The total cost of the competition was 875.2 billion won, including 428.5 billion won for circuit **construction**. The lack of profit left hundreds of billions of won in huge **debts**. Angered by this, a **civic group** in Jeollanam-do **accused** the governor of **breach of duty**.

다행히도 현재 영암의 서킷은 나름 **활발히** 이용되고 있습니다. **국내외**의 레이싱 대회를 열거나, 레저 **스포츠 단지**를 **조성하고** 다양한 방문자들을 **끌어들이며** 수익을 **창출하고** 있습니다.

The good news is that the circuit in Yeongam is now **actively** used. They are **generating** their own profits by holding racing competitions **at home and abroad**, **creating** leisure **sports complexes**, and **attracting** various visitors.

레이싱을 현장에서 **직접** 보지 못하더라도, 중계 프로그램을 시청하며 F1 의 열정을 **간접적으로** 느껴볼 수 있습니다. F1 을 **즐기기** 위해 가장 기본적인 사항은 **응원할** 팀이나 드라이버를 정하는 것입니다.

Even if you don't see racing **in person** in the field, you can feel F1's passion **indirectly** by watching the replay program. The most basic thing to **enjoy** F1 is to choose a team or driver to **support**.

응원할 대상을 정한 후에는 경주 차를 **구별해야** 합니다. 팀마다 경주 차 **고유의** 색상이나 로고가 있으니, 미리 **응원할** 경주 차의 **개성있는** 디자인을 **확인해두면** 됩니다.

After you decide which team to cheer for, you have to **distinguish** among race cars. Each team has its **own** color and logo so you can **check out** the **unique** design of the race car you want to **cheer for** in advance.

다만 **비슷한** 디자인으로 **혼동되는** 팀도 있으니 주의해야 합니다. 한 회사에서 운영하는 자매 팀인 레드불과 토로 로소의 경우가 **대표적인** 경우입니다. 두 회사 경주차는 **언뜻 보기에** 똑같습니다.

However, there are teams that can be **confused** due to **similar** designs, so be careful. Red Bull and Toro Rosso, sister teams run by one company, are a **typical** case. The racing cars belonging to the two companies look the same **at first glance**.

F1 에 사용되는 여러 **깃발**의 **의미**도 알아야 합니다. 경주 차는 색깔이 다른 여러 가지 깃발에 의해 통제를 받는데, 깃발의 의미를 알아야 경기의 **흐름을 파악할** 수 있습니다.

You also need to know the **meaning** of the various **flags** used in F1. Race cars are controlled by various flags of different colors, and you need to know the meaning of the flag to **understand** the **flow** of the game.

녹색 깃발은 **출발**을 알려줍니다. 레이스 중에는 트랙 위에 **위험한** 상황이 **제거되었으니** 마음껏 달리라는 신호로 쓰입니다. 흑색 깃발은 페널티를 받은 드라이버의 엔트리 넘버와 함께 게시됩니다. 흑색기를 본 드라이버는 3 바퀴 이내에 피트로 들어와 **지시를 따라야** 합니다.

The green flag indicates the **start**. During the race, it means **dangerous** situations have been **removed** from the track and is used as a sign to go as fast as you want. The black flag is posted with the entry number of a driver who receives a penalty. A driver who has seen the black flag must enter the pit within three laps and **follow** the **instructions**.

청색 깃발은 **뒤에 추월을** 시도하는 더 빠른 경주 차가 있다는 사실을 알려줍니다. 보통 선두권에 한 바퀴 이상 뒤진 하위차를 대상으로 합니다. 청색기를 본 드라이버는 **뒤차**가 추월하도록 길을 내주어 사고 위험을 **줄이는** 것이 **불문율**입니다. 체커 깃발은 모든 랩을 다 돌았다는 의미로, 가장 먼저 체크 깃발을 받는 드라이버가 그 날의 **우승자**입니다.

The blue flag tells us that **behind** a certain car, there is a faster race car trying to **overtake** it. It is usually used for cars that are behind the lead by more than a lap. It is an **unwritten rule** for a driver who sees a blue flag to **reduce** the risk of accidents by giving the driver in the **rear** a way to overtake. A checkered flag means that you have completed all the laps, and the first driver to receive this flag is the **winner** of the day.

기회가 된다면 영암이나 그랑프리가 열리는 나라로 레이싱 경기를 보러 떠나보세요. 물론 TV를 통해 즐겨도 좋습니다!

If you have a **chance**, go to Yeongam or the country where the Grand Prix is held. Of course, you can enjoy it on TV!

요약 / Summary

F1 그랑프리는 2014 년 이후 한국에서는 더 이상 개최되지 않았습니다. 영암의 서킷 건설에 투자된 많은 돈이 모두 빚이 되었습니다. 하지만 다행히 이 서킷은 현재 지역사회의 새로운 관광 수입원으로 활용되고 있습니다. F1 을 즐기려면 응원할 팀이나 드라이버를 정해야 합니다. 경기의 흐름을 알려주는 깃발들의 의미도 알아야 합니다.

The F1 Grand Prix has not been held in Korea since 2013. A lot of money invested in the construction of the circuit in Yeongam became a huge debt. Fortunately, however, the circuit is now being used as a new source of tourism revenue for the local community. To enjoy F1, you need to select a team or driver to support. You also need to know the meaning of the flags that tell you the flow of the race.

사용된 단어들 / Vocabulary List

- **비판하다**: criticize
- **부실한**: poor
- **숙소**: accommodations
- **진행**: progress
- **결승전**: final match
- **전반적으로**: overall
- **열리다**: be held
- **주최측**: organizer
- **수익성있는**: profitable
- **석유부국**: oil-rich country
- **개최국**: host country
- **대신**: instead of
- **건설**: construction
- **빚**: debt
- **업무상 배임 혐의**: breach of duty
- **고발하다**: accuse
- **시민 단체**: civic group
- **활발히**: actively
- **국내외**: at home and abroad
- **창출하다**: generate
- **조성하다**: create
- **스포츠 단지**: sports complex

- **끌어들이다**: attract
- **직접**: in person
- **간접적으로**: indirectly
- **즐기다**: enjoy
- **응원하다**: support
- **구별하다**: distinguish
- **고유의**: own
- **확인하다**: check out
- **개성있는**: unique
- **응원할** cheer for
- **비슷한**: similar
- **혼동되는**: confused
- **대표적인**: typical
- **언뜻 보기에**: at first glance
- **깃발**: flag
- **의미**: meaning
- **파악하다**: understand
- **흐름**: flow
- **출발**: start
- **위험한**: dangerous
- **제거하다**: removed
- **따르다**: follow
- **지시**: instructions

- **뒤에**: behind
- **추월하다**: overtake
- **불문율**: unwritten rule
- **줄이다**: reduce

- **뒤의**: rear
- **우승자**: winner
- **기회**: chance

문제 / Questions

1. 그랑프리는 한국에서 몇 년도까지 열렸습니까?

   a. 2010
   b. 2011
   c. 2012
   d. 2013

2. 한국 대신 그랑프리 개최국이 된 나라는?

   a. 아제르바이잔

   b. 인도

   c. 일본

   d. 남아공

3. 다음 중 옳은 답을 고르세요.

   a. 영암의 서킷은 처음부터 흑자였다 [T/F]

   b. 모든 F1 경주 차들은 구별하기 쉽게 개성있는 디자인을 지녔다 [T/F]

4. 파란 깃발을 본 드라이버는 어떻게 해야 하는가?

   a. 출발한다

   b. 뒷차에 길을 내준다

   c. 마음껏 달린다

   d. 피트로 들어온다

5. 그 날의 우승자는 어떤 색 깃발을 제일 처음 본 드라이버입니까?

   a. 흰색 깃발

   b. 빨간색 깃발

   c. 체크 무늬 깃발

   d. 녹색 깃발

정답 / Answers

1. D - 2013.

2. A - Azerbaijan.

3. F, F

4. B - He should give a way to the car behind him.

5. C - A checkered flag.

MORE BOOKS BY LINGO MASTERY

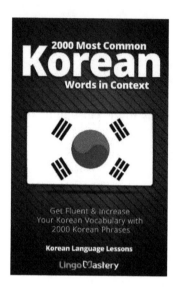

Have you been trying to learn Korean and find yourself having trouble discovering and practicing new words?

Are traditional textbooks just not helping you out as you expected them to?

Do you think that there should be a better way to learning new words in any target language?

If you answered *"Yes!"* to at least one of those previous questions, then this book is for you! We've compiled the **2000 Most Common Words in Korean,** a list of terms that will expand your vocabulary to levels previously unseen.

Did you know that — according to an important study — learning the top two thousand (2000) most frequently used words will enable you to understand up to **84%** of all non-fiction and **86.1%** of fiction literature and **92.7%** of oral speech? Those are *amazing* stats, and this book will take you even further than those numbers!

262

In this book:

- A detailed introduction with tips and tricks on how to improve your learning – here, you will learn the basics to get you started on this marvelous list of Korean terms!
- A list of **2000** of the most common words in Korean and their translations
- An example sentence for each word – in both Korean *and* English
- Finally, a conclusion to make sure you've learned and supply you with a final list of tips

Don't look any further, we've got what you need right here!

In fact, we're ready to turn you into a Korean speaker... what are you waiting for?

CONCLUSION

We hope you've enjoyed our stories and the way we've presented them. Each chapter, as you will have noticed, was a way to practice a language tool that you will regularly use when speaking Korean.

Never forget: learning a language doesn't *have* to be a boring activity if you find the proper way to do it. Hopefully, we've provided you with a hands-on, fun way to expand your knowledge of Korean, and you can apply your lessons to future ventures.

Feel free to use this book in future when you need to remember vocabulary and expressions—in fact, we encourage it.

Believe in yourself and never be ashamed to make mistakes. Even the best can fall; it's those who get up that can achieve greatness! Take care!

P.S. Keep an eye out for more books like this one; we're not done teaching you Korean! Head over to **www.LingoMastery.com** and read our articles and sign up for our newsletter. We give away so much free stuff that will accelerate your Korean learning, and you don't want to miss that!